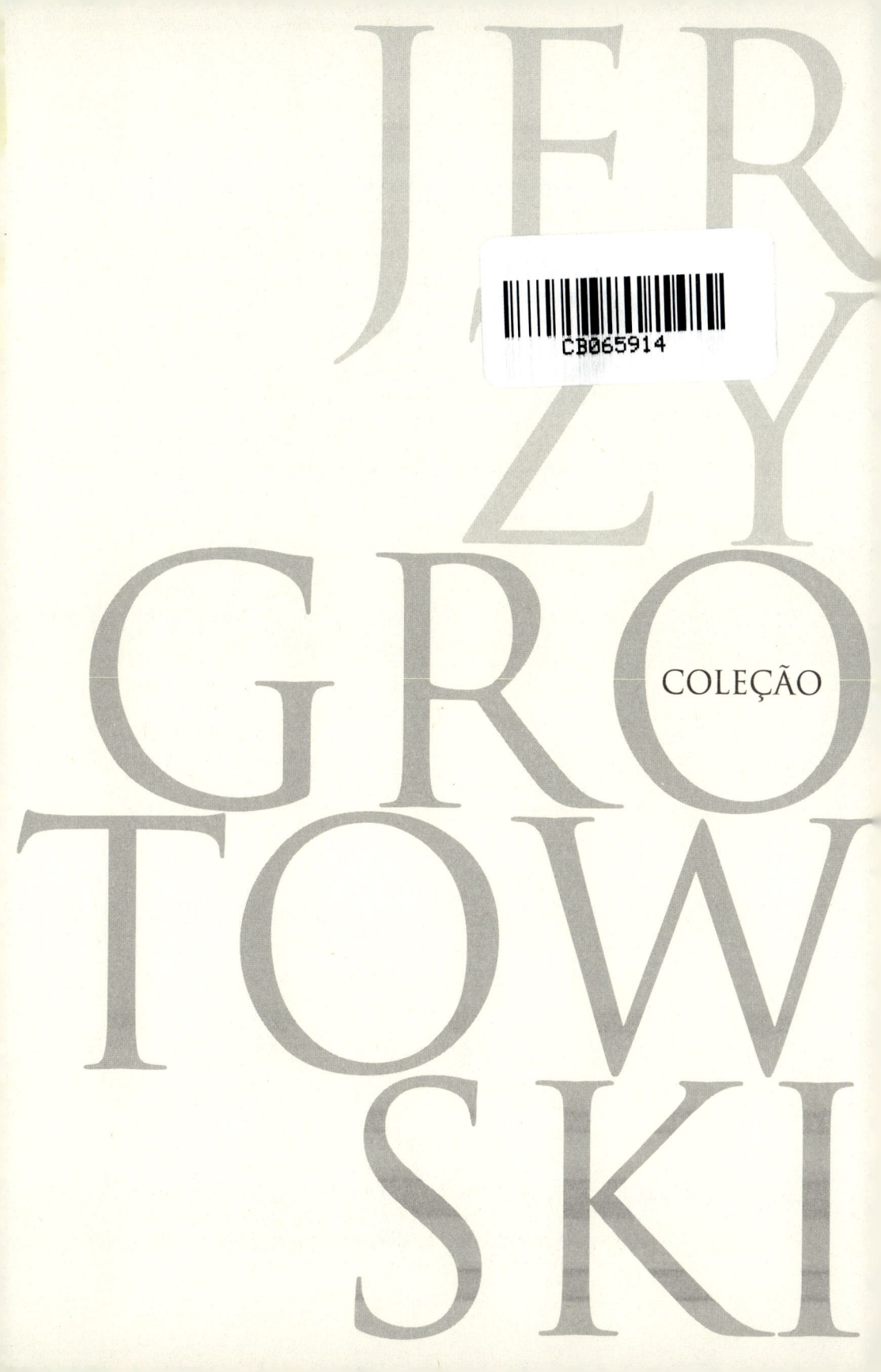

JERZY GROTOWSKI

COLEÇÃO

Impresso no Brasil, maio de 2013

Título original: *Jerzy Grotowski*
Copyright © 2007 James Slowiak and Jairo Cuesta
All Rights Reserved. Authorised translation from the
English language edition published by Routledge,
a member of the Taylor & Francis Group.

Os direitos desta edição pertencem a
É Realizações Editora, Livraria e Distribuidora Ltda.
Caixa Postal 45321 · 04010-970 · São Paulo SP
Telefax (5511) 5572-5363
e@erealizacoes.com.br · www.erealizacoes.com.br

Editor
Edson Manoel de Oliveira Filho

Gerente editorial
Sonnini Ruiz

Produção editorial
Liliana Cruz

Revisão técnica
Tatiana Motta Lima

Preparação
Marcio Honorio de Godoy

Revisão
Danielle Mendes Sales

Capa e projeto gráfico
Mauricio Nisi Gonçalves / Estúdio É

Diagramação
André Cavalcante Gimenez / Estúdio É

Pré-impressão e impressão
Gráfica Vida & Consciência

Reservados todos os direitos desta obra. Proibida toda e
qualquer reprodução desta edição por qualquer meio ou forma,
seja ela eletrônica ou mecânica, fotocópia, gravação ou qualquer
outro meio de reprodução, sem permissão expressa do editor.

JERZY GROTOWSKI

James Slowiak e Jairo Cuesta
TRADUÇÃO: JULIA BARROS

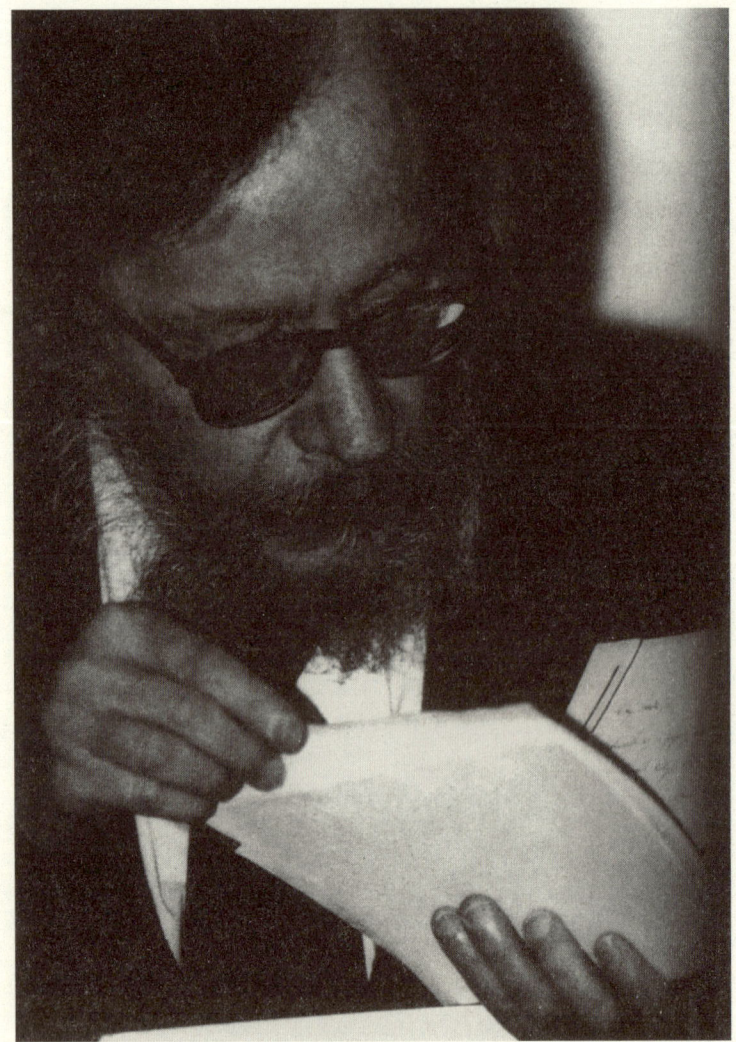
Jerzy Grotowski (1997). Fotografía de M. Culynski.

Jerzy Grotowski foi diretor, professor e teórico magistral. Seu trabalho transcende os limites convencionais da arte teatral. Este é o primeiro livro a reunir:

- Uma visão abrangente da vida do mestre e das diferentes fases do seu trabalho;
- Uma análise das suas ideias essenciais;
- Considerações acerca do seu papel como diretor no renomado Teatro Laboratório da Polônia;
- Uma série de exercícios práticos que oferecem uma introdução aos princípios fundamentais dos métodos de trabalho de Grotowski.

James Slowiak é professor de Teatro na Universidade de Akron e codiretor artístico do New World Performance Laboratory. Foi assistente de Jerzy Grotowski no Objective Drama Program na Universidade da Califórnia-Irvine e na Itália de 1983 a 1989.

Jairo Cuesta é codiretor artístico do New World Performance Laboratory. Colaborou com Jerzy Grotowski no Teatro das Fontes e no Objective Drama Program de 1976 a 1986.

Para nossos pais,
Ray, Yvonne,
Sabarain e Alicia

Para Kena
e à memória de Bos
com gratidão profunda

SUMÁRIO

Agradecimentos   11

1. Biografia e Contexto   15
Os Anos de Formação de Grotowski   18
Teatro dos Espetáculos (1959-1969)   29
Teatro de Participação/Parateatro (1969-1978)   55
Teatro das Fontes (1976-1982)   69
Objective Drama (1983-1986)   79
Artes Rituais ou Arte como Veículo (1986-1999)   85

2. Textos Essenciais de Grotowski   89
"Em Busca de um Teatro Pobre" (1965)   93
"O Discurso Skara" (1966)   102
"Holiday" [*Swieto*]: "O Dia que é Santo" (1970, 1971, 1972)   110
"Teatro das Fontes" (1997)   115
"*Tu Es le Fils de Quelqu'un* [Você é Filho de Alguém]" (1989)   120
"Performer" (1988)   125

Resumo   130

3. Grotowski como Diretor   133

Grotowski no Ensaio   133

Grotowski e o Ator   146

Análise de um Espetáculo Essencial: *Akropolis*   153

Descrição das Cenas Essenciais de *Akropolis*   163

Eventos do Parateatro   169

Action: O *Opus* Final   176

4. Exercícios Práticos   181

Preparativos   182

O Corpo do Ator   184

A Presença do Ator: Ver   192

Desdomesticar   195

Precisão   207

Coordenação e Ritmo   214

A Voz do Ator: Escutar   219

A Partitura do Ator: Fazer   236

O Parceiro do Ator: Encontrar   242

Posfácio   245

Bibliografia   247

Índice   257

Agradecimentos

Gostaríamos de agradecer a todos os membros atuais e passados do New World Performance Laboratory (NWPL) que tornaram nosso trabalho possível ao longo dos anos e que nos ensinaram tanto, principalmente Debora Totti, Chris Buck, Justin Hale, Jamie Russell Hale, Megan Elk, Terence Cranendonk, Salvatore Motta, Toby Matthews, Stacey MacFarlane, Pancho Colladetti, Lisa Black e Massoud Saidpour.

Agradecemos aos teatros e festivais que apresentaram o trabalho do NWPL e aos organizadores e participantes de muitas oficinas que apoiaram nossas atividades enquanto escrevíamos este livro, principalmente Rsyzard Michalski e os membros da Gildia, Franco Lorenzoni e Cenci Casa-laboratorio, Kaska

Seyferth e Las Teoulères, Fabio Toledi e Astragali, Ricardo Camacho e Teatro Libre, Adela Donadio e La Casa del Teatro, James Levin e Cleveland Public Theatre, Carlotta Llano, Fernando Montes, Sneja Tomassian e Stefa Gardecka.

Somos gratos à Universidade de Akron e à Universidade Case Western Reserve pelo apoio generoso a nossos ensinamentos, pesquisa e realização deste livro, e aos nossos muitos alunos.

Gostaríamos de agradecer a Mark Auburn, Lisa Wolford Wylam, Chris Hariasz e Randy Pope pelos proveitosos comentários editoriais e a Franc Chamberlain por seus conselhos e paciência.

Gostaríamos de reconhecer a contribuição dos diretores e funcionários do Centre for the Study of Jerzy Grotowski's Work and the Cultural Research, em Wroclaw, por sua assistência ao longo da realização deste livro e por sua permissão para reproduzir algumas das fotografias contidas neste volume.

Agradecemos pela pesquisa e pelo trabalho de Zbigniew Osinski, Jennifer Kumiega, Robert Findlay, Lisa Wolford e Eugenio Barba.

Obrigado a Thomas Richards e Mario Biagini pela inspiração contínua.

Um agradecimento especial para Douglas-Scott Goheen, professor, colaborador e amigo, cujas fotografias embelezam este volume.

Nosso profundo reconhecimento para Dominique Vendeville pelo seu apoio e encorajamento.

E finalmente a todos os nossos companheiros em todo o mundo que tiveram a oportunidade de estar com Grotowski em sua jornada: mantenham a chama acesa.

Fizemos todo o esforço no sentido de localizar os detentores dos direitos autorais das fotografias utilizadas a partir dos arquivos do Instituto Grotowski e do NWPL. Se qualquer erro foi cometido no uso do material, faremos a correção nas edições futuras. Reconhecemos com gratidão o trabalho dos seguintes fotógrafos: Figura 1.1., Mark E. Smith; Figura 1.5, Joanna Drankowska; Figura 3.1, Andrzej Paluchiewicz; Figura 3.3, Piotr Baracz; Figura 4.1, Marino Colucci; Figuras 4.2 e 4.4, Douglas-Scott Goheen.

1.

BIOGRAFIA E CONTEXTO

Um grupo de jovens artistas teatrais sul-americanos reúne-se animadamente em um pequeno aeroporto da região cafeeira da Colômbia. É o fim do verão de 1970 e sopra um vento fresco da montanha que os faz bater os dentes, elevando a tensa aura de expectativa. Esses representantes do Festival Internacional de Teatro de Manizales, um dos mais antigos do continente, aguardam a chegada do presidente honorário do Festival, Jerzy Grotowski.

A companhia de Grotowski, o Teatro Laboratório Polonês, encontra-se no auge da fama. Paris, Edimburgo e Nova York elogiosamente louvaram Grotowski, e os artistas latinos estão ansiosos para compartilhar a euforia dessa revolução teatral. Alguns assistiram às encenações de O *Príncipe Constante* no Festival Olímpico de Artes, na cidade do México, em 1968. Outros apenas viram fotos dos espetáculos revolucionários e do homem corpulento, de óculos escuros e terno preto, que dirige o grupo. Todos foram advertidos sobre a severidade de Grotowski e suas cáusticas críticas ao teatro de vanguarda e aos métodos de treinamento amadores.

O grupo ainda treme de expectativa e frio quando o avião se aproxima. Ao aterrissar, a porta se abre e, para surpresa geral, um magro e barbudo viajante, vestido de algodão branco, sandálias nos pés e carregando uma mochila pisa no chão do aeroporto. Grotowski se transformara. O mundo teatral prende o fôlego enquanto colombianos chocados buscam às pressas um poncho de lã para protegê-lo do frio.

O Enigma

Grotowski (Figura 1.1) sempre foi um enigma. Foi chamado de mestre e charlatão; guru e homem sábio; um mito e um monstro. Ao longo de sua relativamente breve carreira (faleceu com 65 anos), Grotowski passou por inúmeras transformações, surpreendendo muitas vezes os críticos e até mesmo os amigos.

Viveu a infância sob a dominação nazista e ao longo de seu amadurecimento, nos dias mais nefastos do stalinismo, aprendeu em tenra idade como usar o sistema para buscar as melhores condições de trabalho, sempre sem fazer concessões. Sabia que a fama era necessária para atingir suas metas e que a fama fora da Polônia, seu país nativo, seria muito mais significativa.

Sabia também, entretanto, que a fama era passageira e que seria perigoso sucumbir a sua intoxicação.

Quando o momento mostrou-se justo, Grotowski deu as costas à fama. Transformou-se, e pôde fazer isso porque sempre teve um plano, um objetivo paralelo para o trabalho criativo, um "programa oculto" que guiou muitas de suas escolhas ao longo da carreira como encenador e até mesmo ao deixar a arena das apresentações públicas.

Figura 1.1 – Jerzy Grotowski (1975). Fotografia de Mark E. Smith.

OS ANOS DE FORMAÇÃO DE GROTOWSKI

Jerzy Marian Grotowski nasceu na pequena cidade de Rzeszow, no sudeste da Polônia, em 11 de agosto de 1933. Sua mãe, Emilia (1897-1978), era professora primária e o pai, Marian (1898-1968), trabalhou como guarda florestal e pintor. O irmão mais velho, Kazimierz, nasceu em 1930. Quando Hitler invadiu a Polônia, em setembro de 1939, o pai de Grotowski fugiu para a França e em seguida foi para a Inglaterra, lutando como oficial do exército polonês. Depois da guerra, Marian Grotowski, fortemente antissoviético, recusou-se a voltar para a Polônia e imigrou para o Paraguai. Depois dos seis anos, Grotowski nunca mais viu o pai. Ele foi nutrido pela força e pelo afeto da mãe.

Quando a guerra eclodiu, Emilia Grotowksa levou a família para viver no pequeno vilarejo de Nienadowka, a 12 milhas ao norte de Rzeszow. Lá, a família sobreviveu escassamente com seu salário de professora. Esses anos de formação coloriram muitas das percepções e interesses de Grotowski ao longo da vida. Nessa pequenina vila, entre camponeses, ele confrontou pela primeira vez a tradição, as crenças populares e o ritual, enquanto sua mãe introduzia os filhos no espectro do pensamento religioso.

Primeiras Influências

Certo dia, a mãe de Grotowski trouxe para casa a curiosa obra de Paul Brunton, *A Search in Secret India* [A Índia Secreta], acerca do contato do jornalista e autor inglês com os mistérios da Índia. Na mesma época, o padre do vilarejo entregou secretamente ao jovem Grotowski uma cópia dos Evangelhos, para que lesse sozinho. Naquele tempo, a igreja católica polonesa exigia que tal leitura se fizesse com a presença e a interpretação de um padre, mas Grotowski teve seu primeiro encontro com Jesus solitariamente, em um palheiro, localizado em cima do chiqueiro da fazenda onde vivia.

Estes livros – juntamente com *A Vida de Jesus*, de Renan, o *Zohar*, o *Alcorão* e os escritos de Martin Buber e de Fiódor Dostoiévski – fundamentaram as questões que Grotowski se colocou durante cada fase de sua investigação criativa. Foi o livro de Brunton, porém, que mais profundamente afetou Grotowski.

> MARTIN BUBER (1878-1965) – Filósofo judeu, influenciado pelo misticismo, que acreditava que a relação de um indivíduo com Deus podia ser um diálogo direto e pessoal. Seus escritos incluem *Eu e Tu* (1923), *Gog e Magog* (1953) e *Histórias do Rabi* (1948).

> FIÓDOR DOSTOIÉVSKI (1821-1881) – Romancista russo. Sua obra-prima, *Os Irmãos Karamazov*, inclui a parábola acerca do Grande Inquisidor, que prende Jesus quando ele retorna à Terra. Grotowski incluiu este texto em sua peça *Apocalypsis cum Figuris*.

Através dos escritos de Brunton, Grotowski descobriu os ensinamentos do místico hindu Ramana Maharshi (1879-1950). Ramana Maharshi acreditava que investigar profundamente a questão "Quem sou eu?" causaria o desaparecimento do "eu" socializado, egocêntrico e limitado e revelaria o verdadeiro e indivisível ser do sujeito. Quando peregrinos pediam que Ramana Maharshi esclarecesse o sentido da vida, o sábio respondia: "Pergunte a você mesmo: quem sou eu?". O jovem Grotowski foi fortemente impactado por essas ideias e a busca pela pergunta "Quem sou eu?" tornou-se um dos fios condutores de sua vida e obra.

Aos dez anos, Grotowski era fascinado por pessoas que tinham, como Ramana Maharshi, um tipo especial de sabedoria. Mais tarde, nomeou-as com a palavra russa *yurodiviy*, que significa "louco sagrado",[1] e dedicou parte de sua investigação para estabelecer contato direto com esses *yurodiviy*. A transmissão efetiva de conhecimento, recebida ou roubada através do real confronto com um mestre, tornou-se um campo de interesse especial para Grotowski. De fato, a transmissão se tornou o impulso principal do último período de sua obra e definiu seu relacionamento com Thomas Richards (1962), ator americano que, desde a morte de Grotowski, dirige o seu centro de pesquisa.

A Escola de Teatro

Em 1950, a família de Grotowski se mudou para a Cracóvia, onde ele encerrou os estudos secundários. Perdera um ano de escola em virtude do início de graves problemas de saúde que o acometeriam ao longo da vida. Indeciso acerca de que disciplinas deveria escolher para a carreira, Grotowski enviou três solicitações para estudo avançado: uma para estudar psiquiatria em escola de medicina; uma para o programa de estudos orientais; e, finalmente, uma para o departamento de teatro da Escola de Teatro, em Cracóvia. A Escola de Teatro foi a primeira a responder, determinando o destino de Grotowski.

No exame de admissão, recebeu apenas notas "satisfatórias" no trabalho prático, incluindo um "zero" em dicção. No entanto, sua redação sobre o tema "Como o teatro contribui para o

---

[1] *Yurodiviy* é uma palavra russa praticamente intraduzível, pois reúne ao mesmo tempo a ideia de "tolo de Deus" e "louco de Deus". Um exemplo de *yurodiviy*, citado por Grotowski inúmeras vezes, é o príncipe Míchkin, do romance *O Idiota*, de Dostoiévski. (N. R. T.)

desenvolvimento do socialismo na Polônia?" recebeu nota dez e ele foi aceito para um período de experiência no programa.

Grotowski disse muitas vezes que os estudos teatrais o atraíram porque, por mais que as apresentações fossem fortemente controladas pela censura governamental, os ensaios não o eram. Acreditava que o processo de ensaio ofereceria um campo fértil para buscar as respostas a suas perguntas.

Enquanto frequentava a escola de teatro, Grotowski continuava a desenvolver seu interesse pela Ásia, estudando sânscrito e se reunindo com especialistas. Publicou também diversos artigos, formando a base para seus futuros pronunciamentos teatrais: um deles pedia mais apoio governamental para jovens artistas de teatro; outro abordava o "teatro das grandes emoções", em que as ações são estruturadas conscientemente e usam-se detalhes da vida real apenas quando "absolutamente necessário para evocar as emoções ou para esclarecer a ação...".[2]

Ao se formar, recebendo o diploma de ator, em junho de 1955, Grotowski foi encaminhado para o Teatro Stary, em Cracóvia. Seu contrato foi adiado, entretanto, quando recebeu uma bolsa para estudar direção teatral na Academia Russa de Artes (GITIS), em Moscou.

A Conexão Russa

Quando Grotowski partiu para Moscou, em agosto de 1955, era conhecido como "discípulo fanático de Stanislavski".[3]

---

[2] Citado em Zbigniew Osinski, *Grotowski and His Laboratory*. Traduzido e resumido por Lilian Vallee e Robert Findlay. New York, PAJ Publications, 1986, p. 17.
[3] Ibidem.

O sistema de Stanislavski era o currículo "oficial" do teatro polonês, mas muitos alunos desdenhavam as contribuições do russo ao treinamento do ator. Grotowski, no entanto, enxergava as sementes da verdade no sistema de ações físicas de Stanislavski e foi a Moscou para estudá-lo na fonte.

> O ator e diretor russo Constantin Stanislavski (1863-1938) fundou o Teatro de Arte de Moscou com Vladimir Nemirovich-Danchenko (1858-1943) em 1898. O sistema de ações físicas, uma das últimas inovações do artista, destaca o fazer, em vez da emoção, como o instrumento fundamental do ator.

Durante o ano que passou na GITIS, Grotowski estudou com Yuri Zavadsky (1894-1977), ator que trabalhara sob a égide de Stanislavski e de Evgeny Vakhtangov e agora dirigia produções teatrais que seguiam o rígido estilo socialista-realista. Zavadsky observou que Grotowski instintivamente trabalhava com atores de maneira semelhante à do próprio Stanislavski.

Um dia, Grotowski visitou o apartamento de Zavadsky. O professor mostrou ao aluno seus prêmios, seu passaporte (incomum no socialismo soviético) e as duas limusines e motoristas à sua disposição. Zavadsky sussurrou: "Eu passei por tempos terríveis e fui devastado. Lembre-se, Jerzy: *nie warto*, não vale a pena. Esta é a colheita da concessão".[4] Anos depois, Grotowski revelou que o episódio o tocara profundamente e lhe conferira a força para resistir às pressões por concessões durante os anos de

---

[4] Eugenio Barba, *Land of Ashes and Diamonds: My Apprenticeship in Poland, followed by 26 letters from Jerzy Grotowski to Eugenio Barba*. Aberystwyth, Black Mountain Press, 1999, p. 24. [Em português: *A Terra de Cinzas e Diamantes*. Trad. Patricia Furtado de Mendonça. São Paulo, Perspectiva, 2006.]

trabalho sob um sistema político opressivo. Grotowski considerava Zavadsky um dos grandes mestres.⁵

> EVGENY VAKHTANGOV (1883-1922) – Aluno de Stanislavski que dirigiu o Primeiro Estúdio do Teatro de Moscou e desenvolveu um estilo criativo de encenação conhecido como "realismo fantástico". Grotowski foi especialmente influenciado por sua encenação lúdica de *Turandot* (1922).

> REALISMO-SOCIALISTA – Forma de arte predominante na União Soviética sob o governo de Joseph Stalin (1879-1953). Sua meta era retratar heroica e realisticamente aspectos da revolução e da vida do trabalhador comum de maneira otimista, educando o público nos princípios do comunismo.

Em Moscou, Grotowski também descobriu os experimentos teatrais do protegido de Stanislavski, Vsévolod Meierhold (1874-1940), cujas estratégias de encenação, dramaturgia e métodos de treinamento de atores inovadores levaram-no ao confronto direto com as autoridades soviéticas. Em 1939, foi encarcerado e depois executado por sua recusa a submeter-se à homogeneidade artística exigida pelo regime de Stalin. O nome de Meierhold e suas contribuições foram apagados dos registros oficiais, e ele teve que ser "reabilitado" pelas autoridades pós-stalinistas. Isso ocorreu durante a estadia de Grotowski em Moscou. A curiosidade do diretor polonês levou-o, com a ajuda de uma bondosa bibliotecária, a esgueirar-se pela seção restrita da biblioteca, já fechada, para debruçar-se sobre documentos proibidos que descreviam o teatro inovador de Meierhold. Grotowski afirmou que a partir de

⁵ Ibidem, p. 24-25.

Stanislavski aprendera a trabalhar com atores, mas com Meierhold descobriu as possibilidades criativas do ofício do encenador.

Primeiras Viagens

Ao completar um ano de estudos em Moscou, com a saúde precária, Grotowski embarcou em uma viagem de dois meses para a Ásia Central (Figura 1.2). A viagem, seu primeiro contato direto com o Oriente, estimulou seu interesse pela filosofia asiática e por aspectos práticos das artes cênicas asiáticas e tradicionais. Referia-se muitas vezes a uma reunião especial, com um dos loucos sagrados (*yurodiviy*), que ocorrera na viagem: "Conheci um velho afegão chamado Abdullah que encenou para mim uma pantomima 'do mundo inteiro', tradição em sua família".[6] Grotowski viu suas questões incorporadas nos gestos do velho homem: seria possível para o ator encarnar o mundo inteiro, a natureza em si mesma? E a natureza, com toda a sua imprevisibilidade, singularidade e constância, seria capaz de se revelar em um ator? Ao longo da carreira, Grotowski mostrou pouco interesse por atores que se comportavam "naturalmente" no palco. Buscava, ao contrário, aqueles que revelavam a natureza – sua natureza pessoal e a de toda a humanidade. Mais tarde, ele nomearia esse fenômeno organicidade, uma das buscas duradouras da sua carreira.

O Jogo Político

Quando retornou para a Polônia, no outono de 1956, Grotowski deparou com um país imerso em revoltas dos trabalhadores. Os protestos, apoiados por muitos intelectuais e

---

[6] Citado em Zbigniew Osinski, op. cit., p. 18.

Figura 1.2 – Jerzy Grotowski no *Oásis Kara-kum* (1956). Fotógrafo desconhecido, cortesia do Arquivo do Instituto Grotowski, Wroclaw.

artistas, ficaram conhecidos como Outubro Polonês, e Grotowski, pela primeira e única vez em sua vida, ativa e publicamente trabalhou em um fórum político. Tornou-se líder do movimento da juventude, que clamava por reformas, e publicou diversos artigos provocativos. Sua atividade encerrou-se abruptamente, no entanto, no início de 1957. É possível que a decisão de parar a atividade política tivesse sido tomada sob pressão, e até mesmo sob ameaças das autoridades. Dezoito anos depois, falando sobre esse período de sua vida, revelou um *insight*: "Eu estava tão fascinado com Gandhi que queria ser como ele. Descobri que é impossível, por motivos objetivos, e, além do mais, isso contraria a minha natureza, pois, embora eu seja capaz de jogar limpo, não acredito plenamente que todos possuam boas intenções".[7]

---

[7] Citado em ibidem, p. 20.

> MOHANDAS GANDHI (1869-1948) – Líder espiritual e político da Índia, desenvolveu a prática da desobediência civil não violenta durante a luta do país pela independência.

Como artista teatral, Grotowski aparentemente ficou longe da política. Em um país tomado pela corrupção e sofrendo com a opressão, ele resolutamente chamava o seu teatro de "apolítico". Após emigrar da Polônia em 1982, depois da imposição da lei marcial, em dezembro de 1981, Grotowski admitiu: "Eu tive que dizer que não era político para poder ser político".[8] É difícil não perceber as nuances políticas de O *Príncipe Constante* ou de *Apocalypsis cum Figuris*. Poderíamos até afirmar que seu trabalho teatral teve grandes repercussões políticas para a Polônia. Durante a década de 1970, as atividades parateatrais de Grotowski ofereceram um exemplo em meio à tirania da sociedade que o cercava. Muitos jovens poloneses debandavam para o laboratório de Grotowski a fim de experimentar algo proibido em outros lugares. No artigo "Você É Filho de Alguém", de 1985, Grotowski fala claramente de sua política:

> Eu trabalho não para fazer um discurso, mas para aumentar a ilha de liberdade que sustento; minha obrigação não é fazer declarações políticas, e sim fazer buracos na parede. As coisas que eram proibidas antes de mim devem ser permitidas depois de mim; as portas que estavam fechadas e trancafiadas devem ser abertas.[9]

---

[8] Citado em Robert Findlay, "Grotowski's Laboratory Theatre: Dissolution and Diaspora" (1986). Reimpresso e revisado in: Richard Schechner e Lisa Wolford (eds.), *The Grotowski Sourcebook*. New York, Routledge, 2001, p. 172-88. Primeira impressão in *The Drama Review* 30, 3, p. 201-25.

[9] Jerzy Grotowski, "Tu Es le Fils de Quelqu'un [You Are Someone's Son]" (1989). Versão inglesa revisada por Jerzy Grotowski e traduzida por James Slowiak. In: Richard Schechner e Lisa Wolford (eds.), op. cit., p. 294-95.

É possível chamar tal atitude de apolítica? Mesmo que sua incursão na atividade política tenha sido breve, um dos grandes legados de Grotowski é justamente o exemplo de uma vida vivida em prol da liberdade.

Início do Trabalho Teatral (1957-1959)

Após o Outubro Polonês, Grotowski trabalhou em Cracóvia como professor-assistente na Escola de Teatro, dirigiu espetáculos para diversos teatros de repertório, finalizou seu mestrado, foi premiado por sua encenação para o rádio de *Sakuntala* (baseada em um poema dramático antigo de Kalidasa) e organizou uma série de palestras públicas acerca de temas asiáticos. Grotowski também viajou duas vezes para a França nesse período e foi fortemente influenciado por um encontro com o mestre da mímica Marcel Marceau (1923).

Entre os primeiros trabalhos teatrais de Grotowski estavam as encenações de *As Cadeiras*, de Eugene Ionesco, e *Tio Vânia*, de Anton Tchékhov. Ambas receberam resenhas positivas e negativas dos críticos poloneses. Vislumbramos a estética existencialista dessas primeiras produções a partir da seguinte descrição do projeto de mestrado de Grotowski, *A Mulher é o Demônio*, de Prosper Mérimée:

> A peça foi apresentada por um quarteto de atores em frente a um fundo de cortinas pretas. Os figurinos limitavam-se a malhas pretas e roupas cotidianas. Um aluno (...) fazia o acompanhamento musical na guitarra. A cenografia era composta por quatro carteiras escolares e um pôster colorido no qual estava escrito "Morte aos Ratos".[10]

---

[10] Zbigniew Osinski, op. cit., p. 24.

> EXISTENCIALISMO – Movimento na literatura e filosofia que enfatiza o isolamento do indivíduo em um mundo hostil e a responsabilização de cada um por seus atos.

Grotowski dirigiu duas outras peças durante os anos em Cracóvia, ambas baseadas na mesma peça contemporânea, *A Família Mal-Aventurada*. O dramaturgo descreveu sua peça como "uma comédia realista e bem-humorada...".[11] As duas versões foram apreciadas por serem um tributo a Meierhold e Vakhtangov.

A partir dos primeiros escritos e produções teatrais é possível vislumbrar o florescer das ideias e ideais de Grotowski, seu descontentamento com o estado do teatro e comprometimento com a ética e a responsabilidade artística. Ao longo daqueles anos, foi elaborando tanto a forma de suas futuras explorações criativas quanto os objetivos de seu programa paralelo:

> Escolhi a profissão artística porque percebi muito cedo que sou assombrado por certa "inquietação temática", um "tema condutor" predominante e um desejo de revelar aquela "inquietação" e apresentá-la para outras pessoas (...) Eu estou assombrado pelo problema da solidão humana e pela inevitabilidade da morte. Mas o ser humano (e aqui se inicia meu tema condutor) é capaz de atuar contra sua própria solidão e morte. Se ele se envolve com problemas que residem fora de suas estreitas esferas de interesse (...), se reconhece a união entre homem e natureza, se está consciente da união indivisível da natureza e encontra sua própria identidade dentro dela (...), então, conquistará um grau essencial de libertação.[12]

---

[11] Citado em ibidem.
[12] Citado em ibidem, p. 26-27.

Em 1958, Grotowski estabelece com clareza suas razões para o trabalho teatral e articula sua busca pela libertação. Essa busca, uma das jornadas artísticas mais fascinantes do século XX, duraria mais de quarenta anos, com cinco fases distintas determinadas pelo próprio Grotowski: Teatro dos Espetáculos, Teatro da Participação (ou Parateatro), Teatro das Fontes, Objective Drama e Arte como Veículo (ou Artes Rituais).

TEATRO DOS ESPETÁCULOS (1959-1969)

Um Encontro ao Acaso

Ludwik Flaszen (n. 1930) já era um renomado crítico teatral e literário quando as autoridades de Opole, um pequeno município no sul da Polônia, convidaram-no para trabalhar na revitalização do pequeno Teatro das 13 Fileiras. O teatro ocupava uma sala de teto baixo, com um pequeno palco e treze fileiras de assentos. Flaszen se sentiu incapaz de assumir o papel de diretor – precisava de um colaborador mais especializado nos aspectos práticos do teatro. Um dia, quando Flaszen estava sentado no clube de jornalistas em Cracóvia, refletindo sobre esse dilema, Grotowski passou a pé em frente à janela e Flaszen pensou: "Por que não?".[13] Em maio de 1959, Flaszen convidou Grotowski para se unir a ele em Opole. Mal se conheciam, mas juntos planejaram um novo teatro.

O Teatro das 13 Fileiras

As condições em Opole incluíam a criação do cargo de diretor literário (que seria preenchido por Flaszen), liberdade sem

[13] Eugenio Barba, op. cit., p. 29.

limites na escolha do grupo e do repertório, e subsídios adequados para trabalhar sem interrupções. Grotowski e Flaszen selecionaram nove jovens atores para formar o elenco. Grotowski chamou-os de renegados e afirmou que cada um tinha uma qualidade explosiva peculiar. Entre eles estavam Rena Mirecka (n. 1935), graduada pela Escola de Teatro da Cracóvia, Zygmunt Molik (n. 1930) e Antoni Jahołkowski (1931-1979). Grotowski usou "renegados" também para se referir a outros atores, que se uniram a ele em temporadas posteriores: Zbigniew Cynkutis (1938-1987), Ryszard Cieślak (1937-1990), Stanisław Scierski (1939-1983), Maja Komorowska (n. 1937) e a sul-americana Elizabeth Albahaca (n. 1937). Esses oito atores formaram o núcleo que estaria associado ao trabalho de Grotowski ao longo dos 25 anos seguintes.

O Teatro das 13 Fileiras começou sua primeira temporada funcionando como qualquer teatro de repertório da Polônia, na época. Os atores receberam o roteiro de *Orfeu*, de Jean Cocteau, e foram informados de que deveriam decorar o texto antes do primeiro ensaio. Zygmunt Molik comentou certa vez que ele fora o único ator a chegar preparado para aquele primeiro ensaio. Os ensaios duraram três semanas. A duração dos períodos de ensaio, no entanto, cresceu de forma exponencial a cada novo espetáculo: na segunda montagem foram seis semanas de ensaio; na terceira, três meses; na quarta, seis meses; e a última montagem teatral, *Apocalypsis cum Figuris*, teve quatrocentos ensaios em três anos.

Além do *Orfeu* (estreia em 8 de outubro de 1959), na primeira temporada a trupe produziu *Caim*, de Byron (estreia em 30 de janeiro de 1960), e o *Mistério Bufo*, de Maiakóvski (estreia em 31 de julho de 1960). Grotowski também dirigiu o *Fausto*, de Goethe (estreia em 13 de abril de 1960), no Teatro Polski, em Poznan, única peça que dirigiu fora do Teatro das 13

Fileiras após fundar o grupo. A segunda temporada em Opole teve *Sakuntala,* de Kalidasa (estreia em 13 de dezembro de 1960), uma breve montagem de imagens da Segunda Guerra Mundial, intitulada *Os Turistas,* e o primeiro experimento de Grotowski com a tradição polonesa romântica, o texto clássico de Adam Mickiewicz, *Os Antepassados (Dziady)* (estreia em 6 de junho de 1961). Durante as primeiras duas temporadas, os espetáculos não permaneciam no repertório por muito tempo. Notas no programa e fotografias esparsas são a única indicação da qualidade dos espetáculos. A partir dessas primeiras fontes, os temas principais e contribuições da pesquisa no Teatro dos Espetáculos podem ser desvelados, incluindo conceitos como teatro pobre, montagem, o uso do espaço e o ator santo.

Teatro Pobre

O termo mais comumente associado ao trabalho de Grotowski no Teatro dos Espetáculos é teatro pobre, que se pode compreender melhor em relação ao Teatro Rico. Rico e pobre têm pouco a ver com economia – os termos se referem a inúmeras outras disciplinas artísticas e elementos envolvidos na produção teatral. Quando Ludwik Flaszen utilizou pela primeira vez o termo "teatro pobre", ao escrever sobre o espetáculo *Akropolis*, em 1962, descreveu o teatro em que "é terminantemente proibido introduzir na peça qualquer coisa que não esteja presente desde o princípio".[14] Grotowski (Figura 1.3) aderiu ao termo teatro pobre e o usou como *slogan* e como título de seu artigo

---

[14] Ludwik Flaszen. In: Jerzy Grotowski, *Towards a Poor Theatre*. Ed. Eugenio Barba. New York, Routledge, 2002, p. 75. [Em português: *Em Busca de um Teatro Pobre*. Trad. Aldomar Conrado. Rio de Janeiro, Civilização Brasileira, 1971; ou *Para um Teatro Pobre*. Trad. Ivan Chagas. Brasília, Teatro Caleidoscópio, 2011.]

inaugural *Em Busca de um Teatro Pobre*, de 1965 (ver capítulo 2). Grotowski afirma que o teatro pode existir sem nenhum ornamento, necessitando apenas da comunhão viva entre o ator e o espectador; e ele relacionou o termo com todo o trabalho prático então desenvolvido no Teatro das 13 Fileiras. O manifesto de Grotowski institui o teatro pobre como um emblema de uma das revoluções teatrais mais amplas do século XX.

Figura 1.3 – Jerzy Grotowski (1965). Fotógrafo desconhecido, cortesia do Arquivo do Instituto Grotowski, Wroclaw.

Primeiros Experimentos

No começo do seu trabalho no Teatro das 13 Fileiras, Grotowski realizava experimentos para desvendar uma nova forma teatral. As montagens resultantes pareciam forçadas e afetadas. Eugenio Barba, na época bolsista da Academia de

Teatro, em Varsóvia, assistiu a *Os Antepassados (Dziady)*, em 1961, e comentou como a produção deixava a desejar em termos de refinamento e dependia de convenções teatrais como contato direto com a plateia, representação caricatural, paródia e participação do público.[15]

> EUGENIO BARBA (n. 1936) – Teórico e encenador teatral italiano. Fundou o Odin Teatret (Dinamarca) em 1964 e conduz pesquisas em sua Escola Internacional de Antropologia Teatral [International School of Theatre Anthropology] (ISTA).

Nesses primeiros espetáculos, Grotowski muitas vezes impunha estilo e maneirismos aos atores. Mais tarde percebeu que dirigir um espetáculo é um processo que vai na direção da consciência e do conhecimento, e não apenas uma oportunidade para mostrar as coisas que o diretor já sabe. A cada novo espetáculo, Grotowski deixava rigorosamente de lado os conceitos de direção teatral, os truques cênicos e outros artifícios, que serviam apenas para tumultuar e confundir o espaço cênico, a ação dramática e, acima de tudo, o processo pessoal do ator. Ele começou a trabalhar sistematicamente para fomentar a força física, o vigor e a flexibilidade do ator, enquanto aprendia a localizar com precisão e a nutrir os aspectos do trabalho oriundos da sua própria consciência criativa e da de seus atores. Passo a passo, Grotowski refinou seu conceito de teatro pobre, e o ator se tornou mais importante na busca permanente do diretor por libertação. Havia, no entanto, algumas outras áreas de investigação que apontavam simultaneamente na mesma direção. A primeira delas é o tratamento do texto.

---

[15] Eugenio Barba, op. cit., p. 20.

Tratamento do Texto (Montagem)

No Teatro dos Espetáculos, todas as encenações de Grotowski, com exceção da última, *Apocalypsis cum Figuris*, basearam-se em textos dramáticos estabelecidos, especialmente os de autores do romantismo polonês: Adam Mickiewicz (1798-1855), Juliusz Słowacki (1809-1849) e Stanisław Wyspiański (1869-1907).

> Romantismo polonês – Surgiu no período entre 1795 e o fim da Primeira Guerra (1919), quando a Polônia foi removida do mapa da Europa e dividida entre Áustria, Prússia e Rússia. Embora contemporânea do romantismo alemão e francês, a versão polonesa foi pouco influenciada por esses movimentos. A obra dramática dos autores românticos poloneses aclama com lirismo o "heroísmo dos patriotas poloneses que, ao assumirem o destino de seu povo oprimido, levantam-se para testemunhar uma humanidade submetida, que sonha com dias mais felizes".[16] Estas peças (como *Os Antepassados*, *Akropolis*, *Kordian*, *O Príncipe Constante*, *Samuel Zborowski*) permanecem até hoje como atrações regulares no repertório do teatro polonês.

O relacionamento de Grotowski com esses textos não era de intérprete, mas de escavador, como o de alguém que buscasse desenterrar um segredo. Realizou uma adaptação livre dos textos dos românticos poloneses e os reorganizou para transmitir uma mensagem poderosa àqueles que viviam em sua época. Enxergava o *script* à maneira cinematográfica e, às vezes, inseria na peça textos de outras fontes, processo que denominava montagem. A sua real inovação, entretanto, foi a utilização do texto retrabalhado como pretexto para o trabalho pessoal do ator. As palavras do dramaturgo serviam como uma pista de decolagem para o ator dar vida a imagens potentes e

---

[16] Raymonde Temkine, *Grotowski*. New York, Avon Books, 1972, p. 67.

pessoais, com autenticidade e virtuosidade técnica. Mas, antes de discutirmos as contribuições de Grotowski para a arte do ator, examinaremos seu papel na transformação do espaço teatral.

Ator/Espectador/Espaço

Nos primeiros anos do Teatro das 13 Fileiras, Grotowski era obcecado com a relação entre ator, espectador e espaço. É claro que outros diretores e teóricos antes dele propuseram inovações no espaço teatral ou manipularam a relação ator/plateia, mas Grotowski não se detém na ideia de um espaço de representação flexível. Explorou a maneira como o espaço em si pode integrar uma ação dramática e lutou para libertar o teatro de cenários ilusórios. Encarava cada produção como um novo experimento na relação ator/plateia e uniu todos os aspectos da produção para criar um espaço vivo e dinâmico, que funcionava apenas para aquele trabalho particular. Muitas de suas ideias definem o que agora chamamos de teatro ambiental.

O teatro de Grotowski liberta o espaço das limitações de conceito, projeto, efeito ilusório ou convenção. O espaço é o que é. O teatro como um lugar seguro e familiar não existe mais, e o participante (o ator e o espectador) é forçado a adentrar um novo modo de consciência. O crítico teatral norte-americano Eric Bentley apreende a genialidade de Grotowski em sua descrição das três performances a que assistiu em Nova York, em 1969:

> Considero admirável a maneira como cada uma de suas noites foi uma exploração distinta. Compreendo "teatro ambiental" agora, assim como agora vejo o que a intimidade realmente quer dizer. Em *O Príncipe Constante*, éramos estudantes de medicina observando uma mesa de cirurgia ou fãs de um toureiro assistindo a uma tourada.

> Em *Akropolis*, estávamos dentro do mundo da peça e dos atores – em meio à cerca elétrica de arame farpado de um campo de extermínio. Em *Apocalypsis*, éramos um pequeno grupo de espectadores, nos sentíamos pequenos a ponto de nos percebermos como discípulos dos discípulos... Estes eventos são planejados como um todo: tais e tais atores serão vistos por tais espectadores, de tal ângulo e de tal distância.[17]

Muitas vezes, o companheiro de Grotowski na exploração ator/espectador/espaço foi o arquiteto cênico Jerzy Gurawski (n. 1935), que projetou espaço, objetos e figurinos para *Doutor Fausto*, *Kordian* e *O Príncipe Constante*, entre outros. Nesse trabalho conjunto, eles exploraram a relação ator/espectador/espaço usando muitos dos dispositivos que agora permeiam o teatro contemporâneo. Mudaram o cenário da peça, colocaram integrantes da plateia em contato direto com os atores e até tentaram incluir espectadores na ação, mas logo desistiram da ideia. Grotowski percebeu que coagir a plateia a participar das ações ensaiadas pelos atores gerava mais alienação e não suscitava autêntica participação – o que buscava era um espectador muito especial.

> Pessoalmente, aguardo um espectador que realmente quisesse se ver, enxergar o aspecto verdadeiro de sua natureza recôndita. Um espectador disposto a se sentir chocado a ponto de se despir da máscara da vida, um espectador pronto a aceitar o ataque, a transgressão de normas comuns e de expectativas, e que – ao ser desnudado, desarmado e

---

[17] Eric Bentley, "An Open Letter to Grotowski" (1969). In: Richard Schechner e Lisa Wolford (eds.), *The Grotowski Sourcebook*. New York, Routledge, 2001, p. 169-70. Primeira impressão como "Dear Grotowski: An Open Letter". *The New York Times*, 30 nov. 1969, p. 1-7.

movido por uma sinceridade que tangencie o excessivo – permita-se contemplar a própria personalidade.[18]

Após algum tempo, Grotowski percebeu que os aspectos fragmentados da sociedade contemporânea não permitem que os atores e espectadores adentrem o espaço teatral com as mesmas crenças e, portanto, o despertar psicofísico e a libertação do espectador não são garantidos. O ator, no entanto, pode conquistar o almejado estado de grande sinceridade. Se o diretor não podia determinar as respostas do espectador, este podia testemunhar o ato do ator e reagir à sua reverberação: "Se o ator, ao se colocar um desafio, desafia publicamente os outros, e através do excesso, da profanação e do sacrilégio ultrajante se revela, ao se despir de sua máscara cotidiana, torna possível que o espectador se encarregue de um processo semelhante de autopenetração".[19]

Finalmente, Grotowski não propôs nenhuma regra para a relação ator/espectador/espaço. De fato, com *O Príncipe Constante* e *Apocalypsis,* até voltou a colocar os espectadores em uma relação voyeurística com o espetáculo. Essencial na pesquisa de Grotowski não era a eliminação do palco ou a mistura de atores e espectadores, e sim a colocação do espectador em um papel específico e a determinação da função do espectador no espaço. Só assim o abismo entre espectador e ator poderia desaparecer.

Grotowski escutou as observações astutas de companheiros como Barba, Flaszen e Gurawski. Estimulou seus atores a encontrarem suas próprias soluções criativas para os problemas e os criticava, como fazia consigo mesmo, de forma rigorosa.

---

[18] Jerzy Grotowski, citado em Jennifer Kumiega, *The Theatre of Grotowski.* London/New York, Methuen, 1985, p. 45-46.
[19] Jerzy Grotowski, *Towards a Poor Theatre*, p. 34.

Gradualmente, emergiu a visão de Grotowski do espaço teatral e do lugar distinto do ator nesse espaço.

O Teatro Laboratório:
A Pesquisa se Aprofunda

Em 1962, o Teatro das 13 Fileiras oficialmente mudou seu nome para Teatro Laboratório das 13 Fileiras. A mudança ocorreu logo após a estreia de *Kordian*, de Juliusz Słowacki, em 13 de fevereiro de 1962. O novo espetáculo e a mudança de nome sinalizaram a inclinação do grupo para uma investigação disciplinada. Eugenio Barba chegou a Opole em janeiro de 1962 para um programa de aprendizagem de trinta meses. Suas impressões de *Kordian* diferem radicalmente daquelas que expôs em sua crítica a *Dziady* feita alguns meses antes. "Percebi uma lógica paradoxal, que enfatizava o texto como se estivesse falando de mim e do presente. A maneira como os atores e espectadores estavam distribuídos no espaço foi profundamente coerente. Eu estava pleno de admiração pelas soluções dramáticas, pela interpretação de texto e pela representação dos atores."[20]

Em agosto de 1962, Grotowski viajou para a República Popular da China. Em Xangai, conheceu o doutor Ling, um especialista de voz, e discutiram técnicas de respiração e o uso de vários ressonadores vocais. Ling ensinou Grotowski como verificar se a laringe do ator está aberta ou fechada durante a produção de voz. Grotowski fez outras descobertas na China. Observou, por exemplo, como os atores da Ópera de Pequim iniciavam cada ação com um movimento específico, no sentido oposto ao que

---

[20] Eugenio Barba, op. cit., p. 28.

queriam atingir. Usou a ferramenta com seus atores, na Polônia, tornando-a conhecida como "o princípio chinês".[21]

Após seu retorno a Opole, Grotowski continuou os ensaios do *Akropolis*, de Stanisław Wyspiański (ver capítulo 3), que começara em março de 1962. A primeira versão do espetáculo aconteceu em 10 de outubro de 1962 e foi imediatamente reconhecida como um divisor de águas. *Akropolis* permaneceu no repertório da companhia durante quase oito anos, em cinco versões diferentes.

Depois de *Akropolis*, a companhia começou a trabalhar em *A Trágica História do Doutor Fausto*, de Christopher Marlowe, que estreou em 23 de abril de 1963. Durante esse trabalho, o treinamento diário e a pesquisa de exercícios vocais e físicos intensificaram-se. Enquanto ensaiavam *Akropolis*, foram usados exercícios para resolver questões específicas de técnica e estética com as quais os atores deparavam ao buscar encarnar a realidade do campo de concentração de forma não sentimental. Depois da estreia de *Akropolis*, os atores continuaram a se encontrar diariamente para o treinamento. Eliminaram os exercícios diretamente relacionados às necessidades de um espetáculo específico e selecionaram exercícios psicofísicos com valor criativo. Grotowski estabeleceu uma maneira de trabalhar com os atores que continuaria a utilizar ao longo de sua carreira. Determinou que cada ator seria especialista em um tipo de exercício diferente. Enquanto o ator batalhava para dominar a técnica e poder ensiná-la, Grotowski servia como observador e crítico. Com o tempo, os exercícios do Teatro Laboratório começaram a funcionar em dois níveis: como trabalho básico nos elementos do ofício e como trabalho espiritual para o indivíduo. Grotowski cuidadosamente ocultou esse último aspecto do seu trabalho, apesar de

[21] Ibidem, p. 53.

Stanislavski ter utilizado terminologia semelhante, porque atitudes "místicas" não agradavam as autoridades governamentais e a continuidade do Teatro Laboratório era precária.

Buscando Aliados

Grotowski sempre acreditou na importância de aliados. Era especialista em corresponder às demandas das pessoas e a convencê-las a apoiarem sua missão. Era capaz de cantar cantigas natalinas polonesas, junto com um censor, uma noite inteira, de compartilhar uma garrafa de vodka com um oficial da imigração, ao ser detido no aeroporto de Miami, ou até mesmo de encantar todos com o que dizia para agentes soviéticos acerca da importância da "beleza" no teatro – Grotowski fazia o que fosse preciso para manter as autoridades distantes e sob controle e continuar com ímpeto sempre crescente o trabalho de pesquisa e as apresentações. Certa vez deu férias no inverno para a companhia inteira a fim de despistar as autoridades que ameaçavam fechar o teatro, visto que, na Polônia, à época, ninguém podia ser demitido quando em férias. Suportou pacientemente incontáveis reuniões burocráticas e fazia a companhia manter um diário de suas reuniões no partido comunista – era tudo invenção. Uma vez ele revelou: "Eu muitas vezes menti, mas nunca concedi". Construiu muitas alianças, amigos e apoiadores, dentro e fora da Polônia, mas o público em geral, o *establishment* teatral e muitos críticos não foram capazes de reconhecer a relevância do seu teatro de pesquisa.

Durante o Décimo Congresso do Instituto Internacional de Teatro (ITI), realizado em Varsóvia, em junho de 1963, Eugênio Barba "pegou emprestado" um ônibus estadual e transportou aproximadamente trinta dos mais prestigiados participantes da conferência para a cidade de Lodz, onde assistiram a uma apresentação de *Doutor Fausto*, barrado do programa "oficial" da conferência planejada pelas autoridades polonesas. Na manhã seguinte foi enorme a comoção: aqueles que viram a apresentação aclamaram Grotowski e seus colaboradores e, ao retornarem a seus países de origem, escreveram artigos nos quais expunham seu fascínio pelo laboratório de Grotowski. A escapada de Barba garantiu à companhia a atenção internacional que nunca haviam experimentado.

Durante o trabalho na produção seguinte, o *Estudo sobre Hamlet*, baseado na versão de Stanisław Wyspiański da peça de Shakespeare, a crise com as autoridades chegou ao apogeu. Os subsídios da companhia foram cortados e todos trabalhavam sem a certeza de que seriam pagos. Não havia dinheiro disponível para imprimir programas ou fotografar, mas o *Estudo sobre Hamlet* estreou em março de 1964. Apresentado como um "ensaio aberto", teve apenas vinte apresentações e é muitas vezes citado como o único "fracasso" de Grotowski. Ele defendia, no entanto, que o processo de criação coletiva explorado durante os ensaios do *Estudo sobre Hamlet* fora fundamental para determinar o caminho futuro do grupo e culminara diretamente na maneira de desenvolver o *Apocalypsis cum Figuris* alguns anos depois.

No verão de 1964, deu-se um evento que definiu o futuro da companhia. Os dois diretores do Teatro Laboratório das 13 Fileiras aceitaram o convite para realocar suas atividades em Wroclaw, uma grande cidade universitária e industrial no sudoeste da Polônia. Em 1º de janeiro de 1965, O Teatro Laboratório oficialmente se mudou para o prédio de três andares perto do mercado central de Wroclaw. Tudo estava pronto para Grotowski e sua companhia encontrarem o mundo.

O Ator Santo

Grotowski almejou "redescobrir" os elementos do teatro ao eliminar tudo aquilo que fosse supérfluo, focando a verdadeira essência dessa forma de arte: o ator. Distingue o "ator cortesão" (que explora seu corpo para obter dinheiro e fama) e o "ator santo" (que se ocupa do processo de autopenetração, sacrificando seu corpo e não o colocando à venda). O ator cortesão trabalha com um acúmulo de efeitos e habilidades; o processo de autopenetração do ator santo envolve uma *via negativa*, a "técnica de eliminação", livrando o organismo de sua resistência ao processo psicofísico de representar um papel. Para o primeiro, o corpo se torna denso; para o outro, o corpo se torna transparente.

Com o espetáculo seguinte, O *Príncipe Constante*, Grotowski, juntamente com o ator Ryszard Cieślak, alcançou essa meta. A atuação do ator se tornou um veículo de autoestudo e autoexploração, um campo para trabalhar sobre si mesmo e sobre a transcendência individual. Muitas descrições do trabalho de Cieślak em O *Príncipe Constante* mostram com deslumbramento e profundo respeito seu esplendor, sua agilidade, simplicidade, competência técnica e total comprometimento com cada momento da partitura psicofísica. É assim que o papel penetra o ator: através de trabalho contínuo nos elementos técnicos, até que todos os obstáculos físicos e psicológicos se dissolvam. O sacrifício ocorre quando o ator, com trabalho detalhado na estrutura e no si-mesmo, revela algo precioso e pessoal como dádiva para a plateia.

Ryszard Cieślak exemplificou o ator santo: deixou cair a máscara da vida cotidiana, penetrou em sua própria experiência e se desnudou – Grotowski chamou isso de "ato total":

> No momento em que o ator conquista isso, ele se torna um fenômeno *hic et nunc*; esta não é a história ou a criação de uma ilusão; é o momento presente. O ator se expõe e (...) se descobre. E agora precisa saber como fazer isso de forma renovada a cada vez (...) Este fenômeno humano, o ator, que está diante de você, transcendeu o seu estado de divisão ou dualidade. Isso não é mais representação, e é por isso que é um ato (de fato, o que você quer fazer todos os dias da sua vida é representar). Este é o fenômeno da ação total e é por isso que é assim chamado.[22]

Depois que *O Príncipe Constante* fez sua estreia em Wroclaw, em abril de 1965, Grotowski focou ainda mais a *via negativa* e o *teatro pobre* – princípios que nortearam a apresentação mais liberada e luminosa de Cieślak. Enquanto a companhia começava um extenso período de viagens e aclamação internacional, entre as paredes do Teatro Laboratório, Grotowski estava determinado a criar as condições para cada ator completar o ato total.

Grotowski Conhece o Mundo

No Segundo Festival Mundial de Teatro de Estudantes, em Nancy, França (1965), Grotowski liderou seminários e, com Ryszard Cieślak e Rena Mirecka, conduziu demonstrações dos exercícios físicos e vocais do Teatro Laboratório. Seminários parecidos foram realizados em Paris, Pádua, Milão, Roma e Londres. Também em 1965, o livro de Eugenio Barba, *Em Busca do Teatro Perdido* [*Alla Ricerca del Teatro Perduto*], foi publicado em italiano e o periódico de teatro americano *Tulane Drama Review*, editado por Richard Schechner, dedicou grande parte de uma edição às realizações do Teatro Laboratório.

---

[22] Citado em Zbigniew Osinski, op. cit., p. 86.

> Richard Schechner (n. 1934) – Diretor do The Performance Group e figura importante na fundação do programa de Estudos de Performance [Performance Studies] da Universidade de Nova York. Como editor do *Tulane Drama Review* (agora *The Drama Review*), foi um dos principais divulgadores do trabalho de Grotowski nos países de língua inglesa.

Em fevereiro de 1966, o Teatro Laboratório começou sua primeira turnê internacional. *O Príncipe Constante* foi apresentado na Suécia, Dinamarca e Noruega. A segunda turnê internacional aconteceu durante o verão, e as apresentações em Paris e Amsterdã foram ovacionadas. Em agosto de 1966, Peter Brook convidou Grotowski para ministrar um curso para a The Royal Shakespeare Company, em Londres. De acordo com Brook, o encontro provocou forte choque criativo nos atores, britanicamente treinados.[23]

> Peter Brook (n. 1925) – Diretor teatral (Figura 1.4). Em 1970, fundou o Centre International de Créations Théâtrales [Centro Internacional de Criações Teatrais], em Paris. Suas produções, incluindo *Sonho de uma Noite de Verão*, *Marat/Sade*, *Conferência dos Pássaros* e *O Mahabarata*, são internacionalmente aclamadas. Permaneceu sempre grande amigo e apoiador do trabalho de Grotowski.

Antes da estreia oficial do próximo espetáculo, em 1969, O Teatro Laboratório apresentou *O Príncipe Constante* e/ou *Akropolis* em toda a Europa e no México. Com frequência, realizavam-se oficinas, seminários e conferências junto com as apresentações. Em novembro de 1967, Grotowski e Cieślak

---

[23] Peter Brook, "Preface". In: Jerzy Grotowski, *Towards a Poor Theatre*, p. 11.

conduziram um seminário de quatro semanas para alunos avançados de teatro na Universidade de Nova York.

Figura 1.4 – Jerzy Grotowski e Peter Brook (1975). Fotógrafo desconhecido, cortesia do Arquivo do Instituto Grotowski, Wroclaw.

Nesses anos de viagens e consagração internacional, Grotowski teve vários encontros importantes. Primeiro conheceu o diretor americano Joseph Chaikin (1935-2003), em Londres, em 1966. Chaikin e seu Open Theatre alegavam ter sido bastante influenciados pelo trabalho de Grotowski, que, por sua vez, admirava a disciplina do grupo, a integridade e a resposta pessoal que o grupo apresentava diante da metodologia do Teatro Laboratório. "Eles [Open Theatre] não nos imitam como macacos, de forma alguma. Buscam seu próprio caminho e correm seus próprios riscos. Somente essa forma de referência às nossas experiências com o método pode ter qualquer significado."[24]

[24] Jerzy Grotowski, citado em Zbigniew Osinski, op. cit., p. 109.

Grotowski e Artaud

Muitas vezes traçaram-se comparações entre Grotowski e o ator francês, poeta, diretor e teórico teatral Antonin Artaud (1896-1948).

As ideias acerca do "teatro da crueldade" de Artaud, concebidas para provocar a complacência da plateia, conquistaram muita popularidade nos círculos de teatro de vanguarda na década de 1960. Grotowski, entretanto, sempre alegou ter lido sobre Artaud muito tardiamente, e em suas próprias explorações preferiu colocar-se na linha de técnica e pensamento de Stanislavski. Contudo, em 1967, com a publicação da edição polonesa do livro de Artaud, *O Teatro e Seu Duplo*, Grotowski fez-lhe uma linda homenagem. No artigo "Ele Não Era Inteiramente Ele Mesmo", Grotowski coloca em questão as contribuições de Artaud como praticante da arte teatral, mas reconhece sua importância como visionário e "poeta das possibilidades do teatro".[25]

Outra Mudança de Nome

Em setembro de 1966, O Teatro Laboratório das 13 Fileiras formalmente mudou seu nome para Teatro Laboratório – Instituto de Pesquisa dos Métodos de Atuação, marcando o interesse do grupo em dar continuidade aos seus objetivos de pesquisa e em disseminar suas descobertas concernentes às técnicas de treinamento do ator. Enquanto residiam em Wroclaw, os atores se apresentavam, treinavam, trabalhavam com um número crescente de estudantes estrangeiros e preparavam seu novo espetáculo, baseado na obra de Słowacki, *Samuel Zborowski*.

[25] Jerzy Grotowski, *Towards a Poor Theatre*, p. 125.

Os ensaios iniciaram-se em dezembro de 1965 e se estenderam por três anos. A estreia foi adiada diversas vezes, e o título mudou para *Os Evangelhos* e depois, finalmente, para *Apocalypsis cum Figuris*. Após um ensaio aberto, em 19 de julho de 1968, o espetáculo finalmente estreou em 11 de fevereiro de 1969.

Crise Criativa

Em 1968 o mundo estava em caos. Em Praga, Bagdá, Montreal, Lima, Paris e Chicago estudantes e oprimidos se rebelavam, guerras intensificavam-se, regimes eram depostos e líderes eram assassinados. Na Polônia, o governo iniciou uma campanha antissemítica sucedendo a guerra árabe-israelense de 1967, que resultou em "expulsar mais de nove mil pessoas de posições de autoridade, todos judeus ou revisionistas".[26] A perseguição aos judeus na Polônia atingiu intensidade que não se via desde a ocupação nazista. O clímax ocorreu em agosto, quando a Polônia se uniu à invasão soviética da Tchecoslováquia, mais tarde conhecida como Primavera de Praga, para suprimir as reformas políticas e a liberalização.

O tumulto ao redor do mundo e, principalmente, a retomada polonesa de hábitos antissemitas tocou Grotowski de maneira profunda e pessoal. Chegou a apelar a Eugenio Barba para que lhe mandasse veneno, pois temia ser preso e encarcerado e queria poder manter a dignidade caso o perigo o ameaçasse.[27] Os eventos de 1968 corresponderam a um período de intensas mudanças no processo criativo de Grotowski e no caminho que escolheu.

---

[26] Halecki, citado em Kathleen Cioffi, *Alternative Theatre in Poland 1954-1989*. Amsterdam, Harwood Academic Publishers, 1996, p. 96.
[27] Eugenio Barba, op. cit, nota 171.

Apocalypsis cum Figuris, o último espetáculo teatral e obra-prima de Grotowski, teve um nascimento difícil e o grupo chegou a ter vinte horas de material para trabalhar. Os atores ficaram nervosos e superatuavam. Estavam repetindo o que já sabiam fazer. Grotowski reduziu o número de atores. Mudou o material original de *Samuel Zborowski* para *Os Evangelhos*. E, ainda assim, a peça não nascia. Finalmente, em um ensaio, cometeu-se um erro. Anton Jahołkowski, no papel de Simão Pedro, escolheu Zbigniew Cynkutis para ser a figura de Cristo, ao invés de Ryszard Cieślak. De repente, a dinâmica do processo se cristalizou. Algo não dito tinha se tornado carne. A solução não era ilustrar o mito, e sim trazê-lo para a realidade, para o aqui e agora.

Grotowski começou a pedir aos atores que trouxessem uma resposta mais pessoal para o material dos Evangelhos. Cada um deles enfrentou uma série de perguntas essenciais: "O que teria acontecido com Cristo se ele se revelasse na atualidade? Literalmente. O que faríamos com ele? Como o enxergaríamos? Onde se revelaria? Seria percebido?".[28] Rena Mirecka lembra que lhe diziam todo o tempo: "Eu não acredito no que você está fazendo". Ela voltava para sua sala para cavar mais fundo, revelar mais. Mais de trinta anos depois, seus olhos ainda ficam marejados ao recordar a dificuldade do processo.

Grotowski tentou táticas diferentes para fazer emergir a vida da nova apresentação. Durante quase um ano, não comentava com os atores o que via, até que decidiu sair da sala de ensaio e deixar que trabalhassem sem a pressão de sua presença. Depois de um mês, voltou para o teatro e assistiu ao que os atores, ainda nervosos, agora ousavam fazer – e o que observou, agora, mostrava sinais de vida.

---

[28] Flaszen, citado em Jennifer Kumiega, op. cit., p. 91.

Foi assim que despontou a questão do "verdadeiro e apenas o verdadeiro". Grotowski admite que em apresentações anteriores havia elementos que não eram verdadeiros, e a verdade permanecia escondida atrás da estrutura. Dessa vez, Grotowski se recusou a fingir. Queria que cada ator/atriz revelasse seu mistério. E ele, como diretor, aproximou-se de seu próprio mistério. Enquanto sussurrava para os atores "Faça!", adentrava sua própria natureza. *Apocalypsis*, a última produção teatral de Grotowski, também foi sua obra mais pessoal.

Na última fase dos ensaios, os atores se sentiram no limiar de uma nova possibilidade. Cada transmutação de *Apocalypsis* foi como uma pele velha que caía, revelando uma obra mais e mais distante do teatro e mais e mais próxima de alguma outra coisa, ainda sem nome.

APOCALYPSIS CUM FIGURIS

Apocalypsis cum Figuris (o título origina-se do romance *Doutor Fausto*, de Thomas Mann) demonstrou os princípios de Grotowski de teatro pobre e ato total e as possibilidades da relação ator-espectador e os levou para uma nova direção. Em uma sala vazia, apenas os espectadores e atores definiam o espaço. Os objetos de cena foram reduzidos a um pão, uma faca, um pano branco, velas e um balde de água. Dois holofotes posicionados no chão e voltados para as paredes eram os efeitos de luz. Em determinado momento, a sala era mergulhada no escuro e apenas as velas, precisamente posicionadas, iluminavam os corpos irradiantes dos atores. O texto foi selecionado e reunido durante as últimas etapas dos ensaios. O diálogo foi elaborado a partir da Bíblia, de *Os Irmãos Karamazov*, de Dostoiévski, de T. S. Eliot e Simone Weil. Testemunhas de *Apocalypsis* apontam a qualidade do trabalho vocal no espetáculo – sua força, precisão e musicalidade.

> Thomas Mann (1875-1955) – Escritor alemão cujo trabalho lidou muitas vezes com o papel do artista na sociedade. Recebeu o prêmio Nobel de Literatura em 1929. Entre suas obras mais famosas estão *A Montanha Mágica* (1924) e *Morte em Veneza* (1912).

> T. S. Eliot (1888-1965) – Poeta americano que residiu durante quase toda a vida na Inglaterra. Seu poema *The Wasteland* é considerado uma das obras-primas do século XX. Recebeu o Prêmio Nobel de Literatura em 1948.

> Simone Weil (1909-1943) – Filósofa e mística francesa que contemplava o sofrimento como a ponte para Deus. Seus trabalhos incluem *O Enraizamento* (1952) e *Espera de Deus* (1951), ambos publicados postumamente.

Após a estreia oficial, em 1969, *Apocalypsis* viajou pelo mundo e alavancou a reputação de Grotowski e de seus atores. Por que o espetáculo foi tão importante? *Apocalypsis* pode ser considerada uma peça contemporânea sobre a Paixão de Cristo. De forma brutal e blasfema, os atores de Grotowski encarnam o mito de Cristo diante dos olhos do espectador. Grotowski, entretanto, não buscava um sentido universal ou a catarse, o que poderia ter resultado em reações convencionais de empatia ou de liberação emocional por parte do espectador:

> Seu objetivo, portanto, é fazer com que entremos momentaneamente em contato com níveis mais profundos em nós mesmos, mais profundos do que aqueles engajados na ordem das formas, através do confronto com o mito encarnado. Se formos bem-sucedidos, através do choque da

exposição, ao tocar essas profundezas, estaremos transformados para sempre. O processo não envolve liberação; é mais um redespertar ou um renascimento, e em consequência é potencialmente doloroso.[29]

Grotowski nunca deixou de acreditar na possibilidade da mudança, tanto do ator quanto do espectador. Se rejeitava o conceito de catarse é porque acreditava que era uma resposta evidentemente emocional, que impediria a real transformação. A reação de Eric Bentley diante de *Apocalypsis* revela a verdadeira força do que ocorria no espaço entre os atores e espectadores durante uma apresentação e mostra por que, como evento teatral, o espetáculo permanece sendo uma grande realização.

> Durante *Apocalypsis*, algo aconteceu comigo. Relato de forma pessoal porque o que aconteceu foi extremamente pessoal. Na metade da peça eu tive uma iluminação bem específica. Uma mensagem chegou até mim – do nada, como se diz – acerca da minha vida íntima e de mim mesmo. Essa mensagem deve permanecer privada, para continuar verdadeira, mas o fato de que ela apareceu tem relevância pública, eu acho, e devo publicamente acrescentar que não me recordo que esse tipo de coisa tenha acontecido comigo no teatro antes...[30]

Apocalypsis cum Figuris foi apresentada até 1980 e passou por diversas grandes transformações. Os figurinos brancos e simbólicos dos atores acabaram sendo substituídos por suas próprias roupas. Os bancos foram removidos e os espectadores sentavam ou ficavam em pé na periferia do espaço. Em determinado momento, até foram convidados a participar da ação

---

[29] Jennifer Kumiega, op. cit., p. 97.
[30] Eric Bentley, op. cit., p. 167.

do espetáculo, mas o experimento foi breve. No entanto, a real inovação de *Apocalypsis* era o não fingimento. Os temas da honestidade e da real comunicação tornaram-se palpáveis no espaço teatral, e uma nova relação entre ator e espectador, baseada na sinceridade e não na ilusão ou na pretensão, foi possível. Quando *Apocalypsis* finalmente nasceu, ela criou uma ponte perfeita para a próxima fronteira da pesquisa de Grotowski: o Teatro de Participação ou Parateatro.

O Auge do Sucesso

De 1968 a1970, Grotowski viajou consideravelmente. Fez quatro solitárias viagens para a Índia: no final de 1968, no verão de 1969, no fim de 1969 e no verão de 1970. Do final de agosto ao fim de novembro de 1969, a companhia viajou para o Festival Internacional de Edimburgo, para as Olimpíadas Culturais nos Jogos Olímpicos de Verão, na Cidade do México, e para a França. Foi durante uma dessas viagens que *Akropolis* foi filmado em Londres. Peter Brook fez uma introdução e Grotowski supervisionou a edição final. Exibido na televisão americana na noite dominical de 12 de janeiro de 1969, o filme foi "recebido friamente".[31]

Grotowski foi convidado para ir a Belgrado, como convidado honorário do Festival Internacional dos Teatros de Pesquisa, em setembro de 1969. Lá sedimentou sua reputação de severidade. Lançou críticas ferrenhas às apresentações que viu, incluindo as de algumas das companhias experimentais mais reconhecidas, e rejeitou as monótonas imitações dos métodos de treinamento do Teatro Laboratório. "Foram quatro horas de intermináveis confissões públicas e análises do teatro mundial. O diretor polonês

---

[31] Anthony G. Bowman, citado em Zbigniew Osinski, op. cit., p. 116.

acertou as contas com toda a vanguarda..."[32] Depois viajou com a trupe para os Estados Unidos, com três espetáculos: *Akropolis*, *O Príncipe Constante* e *Apocalypsis cum Figuris*.

Grotowski Conhece os Estados Unidos

O Teatro Laboratório planejara visitar os Estados Unidos no ano anterior, mas o visto de entrada no país lhe foi negado depois que a União Soviética invadiu a Tchecoslováquia. Uma petição, contrária à decisão do Departamento de Estado e assinada por sessenta importantes representantes do teatro norte-americano, incluindo Arthur Miller, Edward Albee, Ellen Stewart e Jerome Robbins, foi publicada no *New York Times* em 18 de setembro de 1968. A permissão acabou por ser concedida, para uma estadia de cinco semanas em Nova York, a qual, no entanto, durou mais de dois meses, de 12 de outubro a 17 de dezembro de 1969. Quarenta e oito apresentações, de três espetáculos, foram realizadas na Igreja Metodista de Washington Square, em Greenwich Village, e Grotowski participou de quatro reuniões públicas na Academia de Música do Brooklyn.

Em Nova York, Grotowski e o Teatro Laboratório atingiram o ápice do sucesso. Ingressos para as apresentações, todas com lugares limitados, eram difíceis de obter. Grotowski era implacável com a informalidade da plateia norte-americana: nenhum retardatário, nenhum espectador em pé, nenhuma exceção! Apesar do alvoroço, a maioria dos críticos norte-americanos saudou a presença polonesa do Teatro Laboratório como o evento teatral mais importante do ano e a revista *Time* considerou os espetáculos os mais importantes da década. Ryszard Cieślak foi agraciado

---

[32] Franco Quadri, citado em Zbigniew Osinski, op. cit., p. 117.

com dois prêmios Obie (Teatro off-Broadway) em 1969 pelo seu trabalho em *O Príncipe Constante*: melhor ator e revelação mais promissora. Foi o primeiro ator a ganhar os dois prêmios simultaneamente e o primeiro a vencer por uma atuação em língua estrangeira. *Apocalypsis* ganhou o prêmio Drama Desk de Melhor Espetáculo 1969-1970.

A chegada de Grotowski aos Estados Unidos foi bem preparada. *The Drama Review* dedicara várias edições à análise do trabalho da companhia polonesa. O livro de Peter Brook, *O Espaço Vazio*, publicado em 1968, contém um capítulo intitulado "O Teatro Sagrado", no qual presta homenagem às empreitadas de Grotowski. Ao mesmo tempo, foi impresso o livro do próprio Grotowski, *Em Busca de um Teatro Pobre*. Publicado em inglês, sob a égide editorial de Eugenio Barba, o livro reuniu muitos dos pronunciamentos de Grotowski, entrevistas, artigos de Flaszen e Barba, descrições dos exercícios da companhia e anotações acerca de oficinas e aulas. Traduzido em diversas línguas, rapidamente se tornou um manual para grupos experimentais no mundo todo.

As muitas viagens e reuniões de Grotowski, a desordem do mundo e suas crises pessoais o estavam levando manifestamente a uma decisão drástica. Em meados de fevereiro de 1970, encontrou-se com editores de diferentes publicações polonesas e, nesse momento em que o Teatro Laboratório e ele próprio estavam no apogeu do sucesso, disse: "Vivemos em uma época pós-teatral. O que sucede não é uma nova onda de teatro, e sim algo que irá substituí-lo... Sinto que *Apocalypsis cum Figuris* é um novo estágio em minha pesquisa. Atravessamos uma barreira".[33]

Mas o que estava do outro lado da barreira?

---

[33] Citado em Zbigniew Osinski, op. cit., p. 120.

TEATRO DE PARTICIPAÇÃO/
PARATEATRO (1969-1978)

Longe do Teatro

Grotowski estava em uma encruzilhada, pessoal e profissionalmente. Começou a se perguntar: "O que deve ser feito em um caso como este? É possível forçar-se a continuar, mas é preciso ter uma personalidade muito forte, porque há algo de desditoso nisso; (...) você pode buscar refúgio na doença (...) ou se tornar um professor ou reitor e criar uma espécie de teatro-escola superespecial, o que pensei em fazer durante algum tempo...".[34] Grotowski muitas vezes aconselhou outras pessoas a viajarem quando enfrentavam questões existenciais e então seguiu o próprio conselho e iniciou um período de errância. "Era, literalmente, um vaguear pelos continentes, envolvendo encontros diretos com pessoas e lugares. Foi também, em um outro sentido, uma viagem para longe do teatro em direção às raízes da cultura, à comunicação e à percepção essenciais."[35]

Quem Grotowski encontrou e o que fez "na estrada"?[36] Especula-se que conheceu Carlos Castaneda (1925-1998), antropólogo que escreveu sobre Dom Juan, um xamã yacqui. Seus textos detalham a iniciação de um aprendiz no campo do conhecimento tradicional e místico. Grotowski certamente leu seus livros e até se referiu a eles algumas vezes, mas afirmava nunca ter conhecido Castaneda. Visitou, isso sim, o Instituto Esalen, centro do "movimento do potencial humano", na Califórnia. Viajou

---

[34] Idem, p. 122.
[35] Leszek Kolankiewicz (ed.), *On the Road to Active Culture: The Activities of Grotowski's Theatre Laboratory Insitute in the Years 1970-1977*. Wroclaw, Instytut Aktora-Teatr Laboratorium, 1978, p. 1.
[36] Em inglês, "on the road", em referência ao livro de Jack Kerouac. (N. R. T.)

pelos Estados Unidos pedindo carona nas estradas, leu Jack
Kerouac e escutou Bob Dylan. Até se aventurou, cautelosamente, pela filosofia da Nova Era e pelos livros do cientista John C.
Lilly. Mais tarde, no começo da década de 1980, deparou com o
trabalho do junguiano Arnold Mindell. O que Schechner nomeou
"a conexão norte-americana", entretanto, nunca exerceu tanta
influência sobre Grotowski quanto a Índia.

> JACK KEROUAC (1922-1969) – Escritor norte-americano da geração
> beat. Seus livros são autobiográficos e incluem *On the Road* (1957)
> e *Os Vagabundos Iluminados* (1958).

> JOHN C. LILLY (1915-2001) – Importante integrante do grupo de
> cientistas, místicos e intelectuais da contracultura californiana das
> décadas de 1960-1970. Sua pesquisa acerca da natureza da consciência envolvia ferramentas como o tanque de isolamento, comunicação de golfinhos e drogas alucinógenas.

> ARNOLD MINDELL (n. 1940) – Psicoterapeuta norte-americano que
> fundou a Psicologia Orientada por Processos. Seus livros incluem
> *O Corpo Onírico: O Papel do Corpo no Revelar do Si-Mesmo* (1982).

Na Índia, Grotowski viajou para o templo de Ramakrishna,
para os Himalaias e Bodh Gaya, onde o Buda recebeu a iluminação. Conheceu mestres espirituais como a afamada Mãe de
Pondicherry, e um mestre Baul, com quem trocou ideias sobre
os elementos objetivos da anatomia do ator.[37] Grotowski encontrou sua orientação na Índia. Após seis semanas na Índia e

[37] Eugenio Barba, op. cit., p. 169.

no Curdistão, em 1970, reencontrou seus colegas poloneses no aeroporto em Shiraz, no Irã, e ninguém o reconheceu – estava barbado e perdera mais de 36 quilos. Enquanto a companhia se apresentava no Irã e no Líbano, Grotowski voou para a Colômbia, onde um ansioso grupo de artistas de teatro latino-americanos aguardava sua chegada, em Manizales.

> Ramakrishna (1836-1886) – Místico hindu que acreditava que todas as religiões são caminhos para encontrar a liberdade.

> Mãe de Pondicherry (1878-1973) – Nascida em Paris, Mirra Alfassa foi assistente do mestre espiritual Sri Aurobindo (1872-1950) e supervisionou o *ashram* em Pondicherry, Índia.

A Transformação

O ápice da transformação de Grotowski aconteceu na Colômbia, onde falou pela primeira vez do teatro no pretérito e articulou o novo rumo que seu trabalho iria tomar: "Este é um momento dual na minha vida. O que é teatro, 'técnica' e metodologia está atrás de mim. O que dentro de mim buscava alcançar outros horizontes finalmente se resolveu...".[38] Ele revela em um tom pessoal o que era essencial em sua experiência com teatro – a técnica, o profissionalismo, a vocação em si mesma. O desenlace é que a vocação "guiou-me para fora do teatro, para fora da técnica e do profissionalismo". Na Colômbia, Grotowski redefine o teatro como "um grupo e um lugar". E continua: "Sim, ele [o teatro] pode ser indispensável para a vida, se alguém procura um

---

[38] Citado em Zbigniew Osinski, op. cit., p. 123.

espaço onde não se minta para si mesmo. Onde não escondemos onde estamos, o que somos, e no qual aquilo que fazemos é o que fazemos e não fingimos que é outra coisa... E isso, com o tempo, nos levará para fora do teatro...".[39] Depois de se movimentar "Em Busca de um Teatro Pobre", Grotowski agora se movimentava inteiramente para fora do teatro.

O Dia que É Santo

No mesmo momento em que Grotowski estava na Colômbia articulando seu novo rumo, foi feito, na Polônia, um chamado público para que jovens poloneses fossem trabalhar em Wroclaw, não com teatro, e sim além dele. Grotowski escrevera essa solicitação, intitulada "Uma Proposta para Trabalho Conjunto", em junho, antes de sua viagem de seis semanas para a Índia e Curdistão. Essa sequência de eventos demonstra que a transformação de Grotowski não era resultado direto de uma repentina iluminação durante sua permanência temporária na Índia. De fato, a primeira vez que falou sobre a necessidade de ampliar a companhia foi em fevereiro de 1970. Buscava jovens que pudessem aderir facilmente ao trabalho do Teatro Laboratório. Mais de trezentos responderam.

Grotowski construiu o paradigma para esse novo período de trabalho durante uma série de reuniões em Nova York, em dezembro de 1970. Passara-se um ano desde a turnê triunfal do Teatro Laboratório, e centenas de atores, diretores, estudantes e professores se aglomeraram na prefeitura, curiosos para ouvir o que Grotowski tinha a dizer acerca de teatro e para questioná-lo sobre os controversos métodos do seu grupo. O viajante

---

[39] Ibidem.

barbudo, entretanto, aturdiu o grupo, falando abertamente e com seriedade até as 4 horas da manhã sobre o seu conceito de "holiday". Os americanos queriam discutir assuntos práticos: nudez no palco, responsabilidade com a plateia, metodologia e talento. Grotowski tolerantemente respondeu as perguntas, sempre enquadrando as respostas de forma a respeitar o seu novo linguajar. Armado com o embasamento do ofício e guiado pelo seu sempre presente "programa oculto", Grotowski iniciou o segundo grande período de sua pesquisa: o Teatro de Participação ou Parateatro (1969-1978).

Na Polônia, Grotowski desejava uma completa mudança de atmosfera. O Teatro Laboratório adquiriu uma fazenda abandonada a 40 quilômetros de Wroclaw. Após algumas reformas estruturais, as novas atividades do grupo foram realocadas nesse lugar isolado no campo, chamado de Brzezinka, nome de um vilarejo próximo. Antes de se mudar, no entanto, Grotowski começou a trabalhar com um grupo de dez pessoas no espaço de Wroclaw, para estabelecer um encontro comum com os integrantes mais antigos da companhia. O grupo original de dez logo se reduziu a quatro e em seguida chegaram três novos integrantes. O período de seleção e a preparação inicial encerraram-se em novembro de 1972, quando um grupo de catorze pessoas foi trabalhar em Brzezinka durante três semanas. Sete integrantes do grupo eram membros novos, entre os quais estava Wlodzimierz Staniewski. Os outros sete eram antigos membros do Teatro Laboratório, incluindo o próprio Grotowski.

> Wlodzimeirz Staniewski (n. 1950) – Fundador e diretor do Centro de Práticas Teatrais Gardzienice, em um vilarejo na Polônia oriental, uma das companhias experimentais mais importantes no mundo, hoje.

O que é Parateatro?

Parateatro significa, literalmente, "ao lado do teatro", "nas bordas do teatro", ou a expansão de seus limites. Algumas vezes comparado à Cultura Ativa, esta, segundo Grotowski, é comumente chamada de criatividade. É uma ação que "oferece um sentido de realização à vida, uma extensão de suas dimensões; é necessária para muitos, mas, no entanto, permanece em posse de muito poucos".[40] Colocando de forma simples: Parateatro/Cultura Ativa busca estender o privilégio da ação criativa para aqueles que não estão usualmente envolvidos com a realização teatral.

Em uma série de palestras na Universidade de Roma, mais de uma década depois, Grotowski comentou que seu interesse inicial pelo parateatro começou no fim da década de 1960, quando surgiu um novo tipo de espectador nas apresentações do Teatro Laboratório – um espectador mais ativo, mais vivo e engajado na apresentação. A partir daquele momento, as apresentações começaram a funcionar como "a situação que nos deu a possibilidade de conhecer outras pessoas, que compartilhavam nossa nostalgia ou nossas necessidades (ou o que considerávamos nossas necessidades)".[41] O problema que surgiu foi como envolver esse novo espectador-amigo diretamente no processo de sacrifício e despojamento praticado há muito tempo pelos atores do Teatro Laboratório; como envolvê-lo, não como testemunha, mas de forma igualitária e recíproca.

Pouco se sabe acerca do período de trabalho fechado de 1970-1973. De acordo com Grotowski, "nos primeiros anos, quando um pequeno grupo trabalhava minuciosamente durante meses e

---

[40] Citado em Jennifer Kumiega, op. cit., p. 201.
[41] Jerzy Grotowski, *Tecniche Originaire dell'Atore*. Roma, Istituto del Teatro e dello Spettacolo, Università di Roma, 1982, p. 156.

meses, e mais tarde recebia poucos novos participantes vindos de fora, aconteciam coisas que estavam na fronteira de um milagre".[42] Nunca houve observadores do trabalho de parateatro, apenas participantes. Grotowski e seu jovem grupo debruçaram-se sobre o problema de como envolvê-los diretamente no processo criativo; como libertar, em cada um deles, o fluxo de energia, para chegarem a uma espontaneidade mais autêntica. Para realizar tal feito, impunha-se um período de desarmamento – um confronto com as máscaras sociais do indivíduo, seus clichês pessoais e o despir do medo e da desconfiança para revelar um estado de vulnerabilidade. Esse período era sucedido por uma liberação da simples expressão humana – o encontro. Pode-se afirmar que esse processo de desarmamento e encontro esteve sempre presente no trabalho do Teatro Laboratório. No entanto, agora, o teatro em si estava eliminado.

A reforma e manutenção de Brzezinska e os campos e florestas circundantes criaram um ritmo de trabalho diferente da vida mais dura da cidade. A rotatividade entre o trabalho no campo, o trabalho na cidade e períodos de tempo livre com família e amigos ofereceu a possibilidade de desenvolver uma nova relação com a natureza (que não deve ser entendida como um retorno à natureza ou como uma romantização da natureza), que se tornou um aspecto fundamental na continuidade da pesquisa de Grotowski. A hierarquia antiga da companhia desintegrou-se, e os novos membros muitas vezes lideravam as atividades do parateatro.

O trabalho fechado continuou em Wroclaw e Brzezinka até junho de 1973, quando se organizou a primeira reunião

---

[42] Jerzy Grotowski, "From the Theatre Company to Art as a Vehicle". In: Thomas Richards, *At Work with Grotowski on Physical Actions*. London, Routledge, 1995, p. 120. [Em português: "Da Companhia Teatral à Arte como Veículo". In: Thomas Richards, *Trabalhar com Grotowski sobre as Ações Físicas*. Trad. Patricia Furtado de Mendonça. São Paulo, Perspectiva, 2012.]

de parateatro, para convidados escolhidos. O encontro durou três dias e três noites. O evento, inicialmente conhecido como *Holiday*, foi mais tarde denominado *Projeto Especial* [*Special Project*]. Foi durante esse período que Jacek Zmyslowski (1953-1982), que participou dessas primeiras sessões públicas e se tornaria um importante líder nas fases mais tardias da pesquisa, passou a integrar a equipe do parateatro.

Parateatro no Exterior

Durante o verão de 1973, Grotowski viajou para os Estados Unidos, Nova Zelândia, Canadá, Austrália e Japão. Deu palestras e planejou a primeira grande turnê de parateatro. No Japão, conheceu Tadashi Suzuki. Foram a um ensaio de Teatro Nô e visitaram a noite de Tóquio.

> Tadashi Suzuki (n. 1939) – Diretor japonês que desenvolveu o Método Suzuki de Treinamento do Ator, uma abordagem física e vigorosa.

Em setembro-outubro de 1973, o Teatro Laboratório realizou quatorze apresentações de *Apocalypsis* na Filadélfia e oficinas de teatro na Universidade de Pittsburgh. O grupo retirou-se para um acampamento rural perto de Pittsburgh para conduzir um *Projeto Especial* com duração de oito dias. A companhia repetiu o formato (com algumas variações) na França, em novembro de 1973, e na Austrália, do fim de março até meados de junho de 1974. Na Austrália, os eventos de parateatro foram divididos em dois projetos diferentes: O *Projeto Especial Restrito* [*Narrow Special Project*] (dedicado ao trabalho individual dos participantes e de especial interesse para Grotowski) e o *Projeto Especial Amplo* [*Large Special Project*] (mais focado no trabalho de grupo).

Durante a temporada de 1974/1975, a companhia permaneceu em Wroclaw e abriu o trabalho de parateatro para um número crescente de participantes. Membros do Teatro Laboratório lideraram uma variedade de *workshops* como, por exemplo: *Acting Therapy*, que enfocava o trabalho vocal do Teatro Laboratório e a eliminação de bloqueios psicofísicos; *Meditações em Voz Alta*, conduzido por Flaszen, que era mais teórico e intencionava libertar a habilidade de escuta do participante; *Estúdio Internacional*, que envolvia principalmente não poloneses; e *Projeto Especial* [*Special Project*], "cujo objetivo era o Encontro, concebido como um encontro inter-humano, no qual o homem seria ele mesmo, readquiriria a unidade do seu ser, tornar-se-ia criativo e espontâneo na relação com os outros".[43]

L'Université des Recherches (1975)

Em junho e julho de 1975, *L'Université des Recherches* do *Théâtre des Nations* foi sediada em Wroclaw, sob a tutela do Teatro Laboratório. Mais de 4.500 pessoas participaram de uma variedade de aulas, seminários, oficinas, apresentações, reuniões públicas, filmes, demonstrações e eventos de parateatro. A realeza do teatro estava presente, representada pelas figuras de Peter Brook, Joseph Chaikin, Eugenio Barba, Jean-Louis Barrault, Luca Ronconi e André Gregory. A premissa era "buscar uma base para a compreensão entre as pessoas (...), uma nova forma de encontro com a humanidade" e, no caso dos profissionais do teatro, "buscar um novo fundamento vital para a prática da própria profissão".[44]

---

[43] Citado em Jennifer Kumiega, op. cit., p. 176.
[44] Citado em Zbigniew Osinski, op. cit., p. 151.

Figura 1.5 – Jerzy Grotowski e André Gregory (1975).
Fotografia de Joanna Drankowska.

JEAN LOUIS BARRAULT (1910-1994) – Ator e diretor francês que trabalhou com Antonin Artaud e foi aluno do mestre da mímica Etienne Decroux (1898-1991). Famoso por seu papel no filme *As Crianças do Paraíso* (1945).

LUCA RONCONI (n. 1933) – Encenador italiano cujo espetáculo *Orlando Furioso* (1969) trouxe-lhe fama internacional.

ANDRÉ GREGORY (n. 1934) – Ator e diretor norte-americano (Figura 1.5), fundou o Projeto Manhattan e participou de diversos filmes, o mais conhecido dos quais é *Meu Jantar com André* (1981), que discute seu trabalho na Polônia. André e sua esposa, Mercedes (Chiquita) (1936-1992), foram dois dos amigos mais íntimos e grandes apoiadores de Grotowski.

Os eventos de Parateatro organizados para *L'Université des Recherches* tinham duas formas básicas: o Laboratório Geral, aberto a qualquer pessoa disposta a participar, incluía oficinas diárias, bem como uma sessão noturna de trabalho chamada Ul (Colmeia) (ver capítulo 3); e oficinas especializadas, que requeriam um convite de Grotowski, organizadas por integrantes individuais da equipe do parateatro. As oficinas especializadas duravam até 48 horas e aconteciam em diversos locais – em Brzezinka, a zona rural em torno de Wroclaw, ou no prédio do Teatro Laboratório.

L'Université des Recherches foi um evento pioneiro e ambicioso, cuja importância nunca foi avaliada. Durante três semanas, o laboratório de Grotowski se tornou a meca do meio teatral, e a natureza e o sentido da arte foram analisados, questionados e sonhados. Peter Brook discutiu a ida de sua companhia para a África e Eugenio Barba comentou a estadia do Odin Teatret no sul da Itália. Ambos os diretores haviam iniciado um período de experimentação de troca intercultural, estimulados pela pesquisa de Grotowski, que reverberaria pelo teatro mundial ao longo dos próximos 25 anos. Gregory e Chaikin lamentaram o estado do teatro experimental norte-americano e regozijaram-se com a audácia e o otimismo do encontro polonês. Gregory afirmou: "Parece-me que esta é uma espécie de revolução, não política, mas criativa. Uma revolução porque diz 'sim' à vida e 'não' à morte".[45]

Depois de *L'Université des Recherches*, o Teatro Laboratório levou sua programação para a Bienal de Veneza. Na Itália, Grotowski engajou-se em diversas sessões que analisavam as atividades de parateatro, enquanto o debate acerca dessa nova fase do seu trabalho incendiava a imprensa polonesa. Em casa, Grotowski foi acusado de "guruísmo", de obscuridade mística e de sucumbir

---

[45] Citado em Leszek Kolankiewicz (ed.), op. cit., p. 45.

a modismos. Raramente respondia a tais ataques. A resposta estava no próprio trabalho e nas reações dos numerosos participantes.

Em Direção à Montanha

Em 1976, o Teatro Laboratório instituiu *Otwarcia* (*Openings*) [Abertura] em Wroclaw. Estas oficinas experimentais foram estruturadas de maneira semelhante à das Colmeias e eram abertas a qualquer um capaz de participar ativamente. Do início de maio ao fim de julho, a companhia levou seus projetos para um monastério antigo e um castelo degradado, perto de Saintes, no sudoeste da França. Foi a primeira vez que o Teatro Laboratório viajou para o exterior sem um espetáculo teatral. Depois que Grotowski anunciou o projeto em uma entrevista para o jornal francês *Le Monde*, chegaram mais de duas mil solicitações de todo o mundo. Grotowski selecionou aproximadamente duzentas pessoas para participarem de oficinas e eventos parateatrais. Jairo Cuesta (n. 1951) estava entre os selecionados por Grotowski para começar a trabalhar com ele em um novo projeto, ainda sem nome.

No outono de 1976, os planos estavam em plena ebulição para o Projeto Montanha, o próximo grande evento do parateatro. Jacek Zmyslowski tinha chegado a uma descoberta com um pequeno grupo internacional de jovens amadores na França. "Fazíamos ao ar livre um trabalho bastante intensivo que durou muitos dias e consistia – para falar simplificadamente – de movimento, da percepção do espaço através do movimento, de estar no espaço em movimento contínuo (...). Foi possível eliminar tudo que era artificial e manter o mais simples dos relacionamentos: um indivíduo/espaço (...)."[46]

[46] Citado em Jennifer Kumiega, op. cit., p. 193.

Grotowski, que vislumbrara a temática do projeto da montanha antes mesmo da *L'Université des Recherches*, colocou-o inteiramente sob a direção de Zmyslowski. O Projeto Montanha foi organizado em três partes: *Nocne Czuwanie* [Vigílias Noturnas], *Droga* [O Caminho] e *Góra Plomienia* [Montanha de Chamas]. Em sequência ao Projeto Montanha, Jacek Zmyslowski organizou um evento chamado simplesmente de *Czuwania* [Vigília] (ver capítulo 3).

Em maio de 1978, o Teatro Laboratório foi para Gdansk. Foi a primeira turnê de parateatro da companhia dentro da Polônia e é importante registrar que aconteceu no lugar em que nasceu o movimento Solidariedade (ver adiante). O próximo grande acontecimento no trabalho do parateatro foi a abertura de um evento chamado Árvore de Gente [Tree of People] em janeiro de 1979. A essa altura, diminuíra muito o envolvimento de Grotowski com as atividades do parateatro. Desde *L'Université des Recherches*, seus interesses começaram a mudar, e em junho de 1978 mencionou, pela primeira vez, um novo projeto: o Teatro das Fontes.

Parateatro: Algumas Conclusões

É fácil criticar a incursão do Teatro Laboratório no parateatro apontando sua ingenuidade e misticismo; a falta de forma e o apartar-se da realidade; as técnicas amadoras e a falta de reflexão. No entanto, as reverberações do experimento em uma geração de jovens não podem ser negadas. Participantes como Margaret Croyden[47] e Steven Weinstein[48]

---

[47] Cf. Margaret Croyden, *In the Shadow of the Flame: Three Journeys*. New York, Continuum, 1993.

[48] Citado em Leszek Kolankiewicz (ed.), op. cit., p. 77-82.

relataram elevação de consciência, harmonia de energia e esforço, vitalidade raramente experimentada, profunda conexão com a natureza e um tangível despojamento de máscaras sociais e de personalidade. Richard Mennen escreveu em seu diário, após o *Projeto Especial*: "Senti no meu corpo (...) algo forte, escondido, como nascimento, como sexo, como morte; assustador e necessário. Não sei o que era, mas era algo. Era também como uma fonte".[49]

Críticos como Antoni Slonimski[50] e outros que compareceram ao simpósio sobre parateatro em Wroclaw, em 2002, registraram que, enquanto os participantes experimentavam, muitas vezes, algo de extraordinário, não havia processo de reintegração quando voltavam a suas vidas cotidianas. (Isso era especialmente forte para os participantes poloneses, que precisavam retornar a uma dura realidade social e política.) Relatos de depressão e impotência após a experiência parateatral suscitaram um questionamento: não seria melhor se os jovens se ocupassem apenas dos campos social e político em lugar de fugir para a floresta durante uma semana? No entanto, talvez esse vislumbre de algo "além" que os experimentos parateatrais de Grotowski ofereciam era exatamente o que todos, e principalmente os conterrâneos de Grotowski, necessitavam para se desafiarem a efetuar mudanças. Muitos participantes guardavam a experiência em seus corações como uma lembrança preciosa, um ideal utópico momentaneamente concretizado e a percepção de que era possível trabalhar novamente naquela direção. Como experiência de uma geração, o Teatro de Participação de Grotowski realizou um grande feito.

---

[49] Richard Mennen, "Grotowski's Paratheatrical Projects". *TDR: A Journal of Performance Studies*, 19, 4 dez. 1975, p. 69.
[50] Citado em Zbigniew Osinski, op. cit., p. 156.

TEATRO DAS FONTES (1976-1982)

De 1971 a 1976, Grotowski dedicou muito do seu tempo a viajar pelo mundo. Simultaneamente, lidava com as eventualidades das experiências de parateatro lideradas por diferentes integrantes do Teatro Laboratório, com as controvérsias trazidas a tona por sua "saída" do teatro e com as suas mais profundas intuições. A próxima fase da sua pesquisa, o Teatro das Fontes, surgiu da experiência de nômade e de sua busca pessoal por raízes culturais e espirituais. Em 1974, em Paris, fez um discurso intitulado "O Teatro de Contato, Encontro e Raízes". Raízes era, no léxico de Grotowski, sinônimo das palavras fonte e origem, e não deve ser compreendida simplesmente como algo relacionado à etnia ou às experiências culturais de alguém. Seu sentido vai além desses limites, em direção às raízes da humanidade em si mesma: a verdadeira origem. O período do parateatro de Grotowski foi dedicado à investigação do contato e do encontro, mas o tema das raízes tornou-se essencial no desenvolvimento do Teatro das Fontes. O programa de Grotowski não estava mais oculto.

A Arte do Iniciante/Técnicas das Fontes

Grotowski conduziu sua pesquisa, com um pequeno grupo internacional, em Brzezinka (Figura 1.6) no verão de 1979. Para a equipe do Teatro das Fontes, os espaços de trabalho de Brzezinka, fechados e ao ar livre, tornaram-se um "teatro". Mas era um *teatro* onde apenas a ação acontecia, e não a atuação. "Na nossa investigação, a orientação é naturalmente performativa, ativa, buscando e de maneira alguma cortando o contato com aquilo que está em volta ou à nossa frente."[51] O trabalho era

---

[51] Jerzy Grotowski, "Theatre of Sources" (1997). In: Richard Schechner e Lisa Wolford (eds.), op. cit., p. 261.

muito solitário, trabalhávamos "sozinhos juntos" e em relação com o ambiente natural. A busca de Grotowski com esse grupo transcultural era sobre como transformar a solidão em energia ou força. Tentaram desenvolver técnicas pessoais vinculadas às fontes, técnicas iniciais. Procuravam por aquelas ações ou atos simples que precedem as diferenças de tradição, cultura ou religião. Se considerarmos o ioga, o xamanismo dos nativos norte-americanos ou as técnicas de giro dervixe como técnicas das fontes, diríamos que Grotowski buscava a fonte das técnicas das fontes.

Figura 1.6 – Brzezinka (2003). Fotógrafo desconhecido, cortesia do Arquivo do Instituto Grotowski, Wroclaw.

Muitas vezes os fazeres eram simples e não sofisticados: caminhar devagar, correr, subir em uma árvore. Para Grotowski, suspender temporariamente os hábitos diários do corpo muitas vezes implicava um retorno a movimentos simples, infantis. Esse movimento era conquistado com um alto estado de atenção: o organismo está desperto, alerta, e os sentidos da visão e da audição trabalham conjuntamente com o movimento. Na verdade, o movimento, ele mesmo, passa a ser percepção. Grotowski denomina esse estado como "movimento que é repouso". O termo vem do gnóstico *Evangelho de Tomé* e também está mencionado em certos textos do ioga tibetano.[52] Grotowski acreditava que o movimento que é repouso pode ser o ponto vital, onde diferentes técnicas das fontes começam.

> GNOSTICISMO – É a doutrina de uma extensa ordem de seitas religiosas do início da era cristã, que ensina que a libertação da matéria (o corpo) vem através da obtenção da verdade espiritual ou gnose (conhecimento). O *Evangelho de Tomé*, descoberto em 1945, é uma coletânea de dizeres do Jesus ressuscitado que tem um ponto de vista claramente gnóstico.

A equipe do Teatro das Fontes trabalhou a partir do que Grotowski chamou de suas preferências pessoais, e não das preferências de uma tradição particular, e todos mantinham fortes vínculos com sua ascendência cultural. Os fazeres iniciais ou proposições eram testados por outros membros do grupo, que se aproximavam com diferentes estruturas mentais e diferentes condicionamentos. Se a proposição funcionasse, a ação continuaria a ser trabalhada até o aparecimento de algo mais elementar. Com o tempo, o simples fazer tornar-se-ia uma técnica. Grotowski estava aplicando os mesmos princípios de eliminação que utilizara no trabalho teatral.

EXPEDIÇÕES

Parte da pesquisa do Teatro das Fontes envolvia estabelecer contato com autênticas técnicas das fontes. Entre julho de 1979 e

---

[52] Ibidem, p. 263.

fevereiro de 1980, Grotowski e sua equipe do Teatro das Fontes fizeram uma série de cinco expedições para lugares nos quais a cultura ainda praticava técnicas das fontes: Haiti, Nigéria, Polônia Oriental, México e Índia. Cada expedição tinha sua organização e qualidades singulares. Para os integrantes da equipe foram experiências de afirmação e transformação da vida.

O primeiro passo na expedição era estabelecer contato com pessoas dos países anfitriões e selecionar participantes locais para a equipe. O próximo passo, a expedição em si, era encontrar uma relação com os praticantes tradicionais e, em alguns casos, apenas seu lugar de prática, seu ambiente natural. Em cada expedição estava o próprio Grotowski e uma diferente constelação de integrantes da equipe. A primeira expedição viajou para o Haiti, reduto do culto vodu em sua mais pura forma.

> Vodu – Antiga religião trazida da África para as Américas. Em sua forma caribenha, mistura animismo com elementos cristãos. O vodu permeia todos os aspectos da vida no Haiti – arte, política, educação e ritos religiosos.

No Haiti, Grotowski afirmou que a ênfase estava em "testemunhar abordagens performáticas [de uma antiga tradição] e nas possibilidades de entrar em contato direto com fortes exemplos humanos dos portadores de uma antiga tradição".[53] Grotowski reiterou que o grupo não foi ao Haiti praticar vodu, embora tenha testemunhado alguns autênticos rituais vodus. O principal contato de Grotowski foi com a comunidade artística Saint-Soleil.

[53] Ibidem, p. 269.

> SAINT-SOLEIL – Comuna de artistas camponeses, criada sob a direção de Jean-Claude (Tiga) Garoute (1935-2006) e Maud Robart (n. 1946). O estilo de pintura primitivo e singular do grupo fascinou o escritor francês André Malraux (1901-1976) quando visitou o Haiti, em 1975, e ele dedicou um capítulo a eles em suas memórias, chamando a atenção mundial para o grupo. Saint-Soleil se desfez após alguns anos, mas o estilo artístico e o movimento continuam. Tiga Garoute e Maud Robart trabalharam com Grotowski no Teatro das Fontes e no Objective Drama [Drama Objetivo] durante vários anos. Maud Robart continuou sua colaboração até 1993, auxiliando Grotowski na Itália durante a última fase de sua pesquisa.

Em seguida, Grotowski viajou para a Nigéria, acompanhado apenas por um colega haitiano, um *hougan* (sacerdote vodu). Juntos visitaram Ifé, berço da tradição vodu. A terceira expedição viajou para remotos vilarejos na Polônia Oriental, na fronteira com a Bielo-Rússia. A equipe foi depois para o México, onde o trabalho "concentrou-se em aspectos psico-ecológicos da cultura huichole: a noção de 'locais sagrados e energizados' e as possibilidades performativas relacionadas a tais lugares".[54]

> HUICHOLES – Tribo que viveu por séculos isolada nas montanhas de Sierra Madre, no México. O povo não tem uma palavra para "deus", mas reverencia as maravilhas do ambiente natural. Acredita que, quando os seres humanos destroem a natureza, destroem a melhor parte deles mesmos. Os huicholes fumam peiote, mas Grotowski e seu grupo rigidamente evitaram qualquer envolvimento com esse aspecto da sua cultura.

---

[54] Ibidem.

A expedição final foi para a Índia, principalmente para a região de Bengali, onde a equipe estabeleceu contato com os membros dos Bauls.[55]

> BAULS – Culto de menestréis conhecidos por sua veneração extática e comportamentos não convencionais. A palavra "baul" é derivada de "batul", significando "açoitado pelos ventos" ou "louco". Os Bauls, clara representação dos *yurodiviy* (loucos sagrados) de Grotowski, não pertencem a nenhuma casta e peregrinam livremente. A linguagem simples de suas músicas, seus ritmos fervorosos e danças sensuais são a "técnica para buscar Deus em si mesmo, usando o instrumento do corpo que Deus nos deu".

Em cada expedição, o Teatro das Fontes de Grotowski diligentemente evitava explorar as culturas tradicionais ou apropriar-se de elementos de seus ritos. O grupo, ao invés disso, simplesmente estabelecia contato, mantinha uma distância natural e trabalhava "ao lado" ou em alguma relação com os praticantes das tradições ou com seu meio ambiente. Alguns indivíduos de culturas locais acabaram por unir-se aos integrantes da equipe de Grotowski e membros dos Bauls e do Saint-Soleil viajaram para a Polônia no verão de 1980 para a fase seguinte do Teatro das Fontes, trabalho que foi aberto ao público com o nome de *Mysteria Originis*. Ao longo de três meses, aproximadamente duzentas e vinte pessoas participaram das atividades do Teatro das Fontes e de seus visitantes (praticantes das tradições), em Brzezinka e em outro espaço rural próximo. Aconteciam ao mesmo tempo, mas separadamente do *Mysteria Originis*, alguns encontros da *Árvore de Gente* e as últimas apresentações de *Apocalypsis cum Figuris*.

[55] Lizelle Reymond, *To Live Within*. Portland, OR, Rudra Press, 1995, p. 294.

No fim do verão, Grotowski desfez a equipe do Teatro das Fontes e seus membros voltaram para os respectivos países.

Crise Polonesa

Enquanto Grotowski conduzia seu trabalho de campo no mundo e de forma isolada em Brzezinka, a Polônia estava em turbilhão. Em outubro de 1978, Karol Wojtyla (1920-2005), um cardeal polonês, foi eleito papa. Assumiu o nome João Paulo II e triunfantemente retornou à Polônia em junho de 1979. Sua viagem ofereceu um raio de esperança para a população polonesa reprimida, e a ela se sucederam protestos de trabalhadores em dezembro. Os problemas econômicos da Polônia pioraram. O país estava afundado em dívidas e sofria com o racionamento de comida em 1980, ano em que o Teatro das Fontes foi aberto ao público.

Na época, Lech Walesa (n. 1943), um trabalhador de estaleiro, fundou com seus colegas o sindicato Solidarność (Solidariedade). A organização logo ultrapassou dez milhões de membros. Em agosto de 1980, Walesa liderou a greve do estaleiro de Gdansk, que levou à paralisação de trabalhadores em grande parte do país. O papa João Paulo II enviou uma mensagem de apoio aos trabalhadores, e as autoridades governamentais foram forçadas a ceder. O Acordo de Gdansk, assinado em 31 de agosto de 1980, deu aos trabalhadores poloneses o direito de fazer greve e de organizar sindicatos.

No início de 1981, o General Jaruzelski (n. 1923) assumiu o poder. As tensões na Polônia cresceram e a situação econômica, já instável, deteriorou-se. O Solidarność fez mais exigências, incluindo governos locais. Logo depois, a União Soviética mandou tropas para começar exercícios de treinamento na Polônia.

Parecia que as tentativas polonesas de conseguir uma reforma política seriam pisoteadas antes mesmo de começarem. Em 13 de dezembro de 1981, Jaruzelski impôs a lei marcial e o Solidarność foi considerado uma organização ilegal. Walesa e outros líderes do sindicato foram presos e a Polônia entrou em um escuro inverno de desespero.

O Dilema de Grotowski

Em período anterior à lei marcial, Grotowski viajou pela Polônia, muitas vezes incógnito, conversando com as pessoas e testando a temperatura de seu país. Ao mesmo tempo, o Teatro Laboratório fez novo espetáculo em fevereiro de 1981. *Thanatos Polski,* dirigido por Ryszard Cieślak e com atores do grupo original e integrantes do parateatro, aludia ousadamente à situação precária da política polonesa.

No início da primavera, Grotowski chamou alguns integrantes da equipe do Teatro das Fontes para retomar o trabalho e um projeto importante do Teatro Laboratório aconteceu na Sicília. Quando retornaram à Polônia, *Thanatos Polski,* a *Árvore de Gente* e o *Teatro das Fontes (II)* foram apresentados durante a semana da crise de 1981 em Wroclaw e Brzezinka. O Teatro das Fontes também viajou por alguns vilarejos poloneses nesse período. A nova versão do Teatro das Fontes incluía trabalho ao ar livre e em ambiente fechado. O trabalho fechado, na forma de ações individuais (ver capítulo 4), era apresentado por diversos membros do grupo transcultural e organizado por Grotowski para ser visto em cada vilarejo.

Sucederam-se eventos históricos e pessoais que influenciaram os planos futuros de Grotowski. Antoni Jahołkowski, um dos membros fundadores do Teatro Laboratório, morreu em setembro de 1981, após uma longa doença. Quando a lei marcial foi declarada, em dezembro, Grotowski estava em Brzezinka, trabalhando com a equipe do Teatro das Fontes. Ludwik Flaszen informou-os da crise, e o grupo inteiro imediatamente se mudou para o edifício do teatro em Wroclaw. Aos participantes internacionais foi dada a opção de sair da Polônia. Os poucos que permaneceram passaram um Natal escasso e surreal, enclausurados no espaço de Wroclaw com Grotowski, esperando por comida racionada e suprimentos em longas filas, dançando ao som de Supertramp e vendo com pavor os tanques na praça da cidade.

Grotowski se preparou para ser preso. Outros integrantes da *intelligentsia* e da comunidade artística já haviam sido encarcerados e, embora ele não tivesse se juntado ao Solidarność, por conta de sua posição como diretor e administrador, sabia que suas atividades estavam sempre sob suspeita das autoridades. A cada bater na porta reverberava uma onda de reação no pequeno grupo. A polícia, no entanto, nunca veio. Companhias de teatro do mundo todo ofereceram ajuda e mandaram pacotes de socorro para o Teatro Laboratório. Com o tempo, Grotowski pôde negociar uma viagem para a Dinamarca, em janeiro de 1982, para visitar Eugenio Barba.

Em 4 de fevereiro de 1982, Jacek Zmyslowski faleceu na cidade de Nova York. Ficara doente após a expedição ao Haiti e o diagnóstico foi de leucemia. Sua morte foi um duro golpe para Grotowski. Tinham desenvolvido um forte vínculo mestre-aprendiz e Zmyslowski tornara-se parte essencial da pesquisa permanente de Grotowski. Grotowski mudou radicalmente depois da morte de Zmyslowski. Abertura e ternura novas apareceram em sua relação com os outros. Tornou-se mais tolerante – e triste.

Foi talvez durante essa série de crises em 1981 e 1982 que Grotowski passou por outra transformação. Aos 48 anos, ele, de repente, se tornou um homem velho.

Despedida da Polônia

Quando chegou a primavera, Grotowski foi capaz de organizar a saída da equipe do Teatro das Fontes da Polônia. Eles se instalaram na Itália. De março a junho de 1982, deu uma série de palestras acerca do processo orgânico na Universidade de Roma e conduziu trabalhos práticos em uma fazenda na Úmbria.

No verão, retornou à Polônia com vários membros da equipe do Teatro das Fontes. Mesmo que houvesse algum esforço para continuar trabalhando, a situação na Polônia se mostrou impossível para Grotowski. O governo Jaruzelski tentou utilizar desesperadamente a visibilidade e o trabalho dos artistas para angariar o respeito da comunidade internacional. Grotowski, no entanto, enxergava uma grande diferença ética entre dirigir espetáculos para uma plateia nacional sob um regime opressivo, como muitos dos seus colegas escolheram fazer, e usar o dinheiro desse mesmo regime para coordenar um laboratório internacional e fechado, como era o seu. Sabia que não podia manter a pureza do trabalho e sua própria integridade sob as condições de uma lei marcial. Em setembro de 1982, o grupo do Teatro das Fontes retornou à Itália. Em outubro, Grotowski foi para o Haiti para refletir sobre seu dilema. Em 10 de dezembro, começou a morar em Nova York, na casa de um amigo bastante próximo, André Gregory. Quando estava certo de que cada um dos seus colegas do Teatro Laboratório estava fora da Polônia e distante de qualquer retaliação, solicitou oficialmente asilo político nos Estados Unidos.

Em 31 de dezembro de 1982, Jairo Cuesta trancou a porta do seu espaço de trabalho em Volterra, Itália, onde a equipe do Teatro das Fontes dera continuidade a suas atividades, e fechou o projeto. O Teatro Laboratório em Wroclaw continuou a funcionar durante alguns anos, mas os atores trabalhavam principalmente fora da Polônia. Finalmente, os membros fundadores, com o consentimento de Grotowski, suspenderam formalmente os trabalhos em 1984. Com pouco alarde, encerrou-se um capítulo importante do teatro do século XX.

OBJECTIVE DRAMA[56] (1983-1986)

Uma Aventura Norte-Americana

O encerramento do Teatro Laboratório polonês não foi o fim de seu líder e de sua força criativa. Grotowski, ao se encontrar em novas e estranhas circunstâncias, incerto acerca de como proceder, manejou a situação a fim de estabelecer uma maneira de continuar seu trabalho. Após um ano ensinando na Universidade de Colúmbia, em Nova York, foi convidado por Robert Cohen para integrar o corpo docente da Universidade da Califórnia-Irvine. UC-Irvine ofereceu a ele uma disciplina, pesquisa remunerada, o uso exclusivo de um velho celeiro localizado no *campus* e a promessa de três anos de emprego sem interferência. O financiamento da Fundação Rockefeller e da National Endowment for the Arts, assim como de outros doadores individuais, também estava disponível. Após diversas reuniões com alunos e chamados a participantes interessados

---

[56] Objective Drama (ou Objective Drama Program): optou-se por manter a expressão em inglês, pois esse foi o nome do projeto apresentado por Grotowski à Universidade da Califórnia – Irvine. (N. R. T.)

publicados nos jornais de Los Angeles, Grotowski começou a trabalhar no Estúdio de Teatro da UC-Irvine. No outono de 1983, iniciava-se o *Focused Research Program in Objective Drama*, a breve aventura norte-americana de Grotowski.

> ROBERT COHEN (n. 1943) – Educador e diretor norte-americano, escreveu diversos livros sobre teatro e atuação. Fundou o Departamento de Drama na UC-Irvine.

Grotowski considerava o Objective Drama um período de transição. Após deixar a Polônia, sentiu-se alienado e apartado de suas raízes e de muitos de seus colaboradores de longa data. Passara por grandes perdas pessoais e sua saúde mais uma vez o inquietava. Decidiu dirigir sua atenção para os detalhes e começou a trabalhar com certos elementos do ofício que negligenciara durante o Teatro das Fontes e o Parateatro. Os três anos do Objective Drama Program na UC-Irvine provaram ser um valioso terreno de treinamento dos princípios fundamentais do trabalho performativo profissional.

O termo Objective Drama pode ser atribuído a duas diferentes fontes. A primeira é a distinção entre arte objetiva e arte subjetiva feita por G. I. Gurdjieff. "A arte subjetiva conta com a aleatoriedade ou visão individual das coisas e fenômenos e, por conseguinte, é muitas vezes governada por caprichos humanos. A arte objetiva, por outro lado, possui uma qualidade extra e supraindividual e pode, portanto, revelar as leis da sorte e o destino do homem."[57]

Gurdjieff cita as pirâmides como exemplo da arte objetiva.

---

[57] Zbigniew Osinski, "Grotowski Blazes the Trails" (1991). In: Richard Schechner e Lisa Wolford (eds.), op. cit., p. 385-86. Primeiramente publicado em *The Drama Review*, 35, 1, p. 95-112.

> G. I. GURDJIEFF (1877?-1949) – Líder espiritual nascido na Armênia, passou a viver na França e ensinou um sistema para que cada um possa alcançar consciência e controle sobre a própria vida. Seus escritos incluem *Encontros com Homens Notáveis* (1963).

A segunda fonte para o termo "drama objetivo" era um caderno que fora de Juliusz Osterwa, em que ele discute a "objetividade" relativa das várias artes, colocando a arquitetura acima da música, pintura e literatura. Osterwa, então, especula: "Suporemos que o teatro é como a arquitetura. (...) A arquitetura é a mais refinada (...), move os especialistas e os observadores para um estado de arrebatamento – afeta todos de uma maneira da qual não estão nem mesmo conscientes".[58]

> JULIUSZ OSTERWA (1885-1947) – Renomado ator e diretor polonês que fundou o Teatro Reduta, modelo para o Teatro Laboratório de Grotowski.

Estimulado por esses dois grandes pensadores, Grotowski começou a formular uma nova questão a ser pesquisada: quais são as estruturas ou os instrumentos que têm um impacto objetivo no performer? Existem certas técnicas, espaços, movimentos e vibrações vocais que o afetam, transformam sua energia, possibilitando que ele/ela adentre um fluxo orgânico de impulsos, de vida?

TRABALHO PRÁTICO EM IRVINE

Na UC-Irvine, o trabalho começou no fim de outubro de 1983 com Tiga Garoute e Maud Robart, do Haiti. Ensinaram a um

---
[58] Ibidem, p. 386.

pequeno grupo de estudantes universitários, entre os quais estava James Slowiak (n. 1955), um ciclo de músicas e danças haitianas que incluíam o *yanvalou*, uma dança ritualística com ritmo forte, que incorpora uma ondulação sutil da coluna e um curvar dos quadris. Todas as músicas e estruturas de movimentos foram aprendidas unicamente por imitação. Não eram oferecidas traduções ou explicações. Os dois praticantes da tradição cantavam e o grupo repetia, durante horas. Ao longo do tempo, as músicas e estruturas de movimento foram organizadas em uma atividade denominada The River [O Rio]. Inicialmente, Grotowski também conduziu muitas sessões de trabalho vocal e o grupo começou a aprender o exercício The Motions [Movimentos] (ver capítulo 4). Essas primeiras sessões em Irvine aconteciam nos finais de semana e geralmente começavam ao anoitecer e seguiam até as primeiras horas da manhã.

Até janeiro de 1984, o velho celeiro foi reformado, instalou-se um piso de madeira elevado e as paredes receberam tinta azul-clara. Um *yurt* de madeira, uma adaptação do abrigo circular utilizado por nômades da Ásia Central, foi construído nas proximidades. As duas construções eram adjacentes a uma área aberta nos arredores do *campus* de Irvine. Quando as atividades foram transferidas para o novo lugar, o trabalho ao ar livre começou. Grotowski iniciou alguns dos participantes em certas "ações" desenvolvidas no Teatro das Fontes, entre as quais A Caminhada Lenta e A Caminhada Rápida.

Com o tempo, cada dia de trabalho passou a consistir basicamente de The River [O Rio], The Motions [Os Movimentos], The Watching [Ver][59] (ver capítulo 4) e o trabalho com ações

---

[59] The River, The Motions, The Watching (ou River, Motions, Watching): optou-se por manter essas expressões em inglês, pois assim elas vêm sendo utilizadas em traduções para outras línguas e também no dia a dia dos *workshops*. (N. R. T.)

individuais. Os haitianos deixaram Irvine após o primeiro ano. Outros especialistas tradicionais, entre eles um dervixe (que ensinou o giro) e um sacerdote zen japonês (que ensinou caratê) trabalharam com o grupo de Irvine por períodos mais curtos. Em seguida o grupo recebeu um artista coreano, um dançarino de Taiwan e Jairo Cuesta e, no verão de 1984, estudantes da Yale University e da New York University vieram para duas oficinas de 14 dias.

No terceiro ano do projeto Irvine, Grotowski escolheu uma equipe de artistas para um trabalho mais intensivo. Thomas Richards, Jairo Cuesta e James Sloviak integravam-na. O resultado foi uma estrutura artística elementar, nomeada Main Action [Ação Principal],[60] que incorporava algumas das canções haitianas, ações individuais e textos de fontes antigas. A Main Action contava uma história simples de iniciação e servia como desafio à capacidade da equipe de trabalhar elementos do ofício em nível profissional.

OBJECTIVE DRAMA: ALGUMAS CONCLUSÕES

Durante os três anos do Objective Drama Program na UC-Irvine, havia sessões abertas para participantes interessados, algumas das quais duraram quase 36 horas. Em maio e junho de 1986, observadores testemunharam o trabalho da equipe artística, incluindo a Main Action, em sessão que durou oito horas. Robert Cohen, André Gregory e Jan Kott estavam entre eles.

---

[60] Main Action/Action: A palavra Action com letra maiúscula refere-se às obras (*opus*) realizadas no terreno da "arte como veículo". No *site* do Workcenter of Jerzy Grotowski and Thomas Richards, são quatro as obras citadas nesse domínio: *Downstairs Action*, *Action*, *The Letter* e *The Living Room*. Mesmo que a palavra Action não apareça no título das duas últimas obras, é comum referirmo-nos a elas como Actions. (N. R. T.)

> Jan Kott (1914-2001) – Renomado teórico e crítico teatral polonês que viveu nos Estados Unidos desde 1966. Seu livro *Shakespeare Nosso Contemporâneo* (1965) influenciou uma geração de encenadores.

Em três anos do Objective Drama, várias metas foram cumpridas: The Motions e Watching foram estruturados e refinados, tornando-se exercícios importantes; os cantos haitianos e o *yanvalou* tornaram-se ferramentas importantes para a continuidade da pesquisa de Grotowski; e uma nova geração de atores e diretores foi introduzida no rigoroso trabalho do ofício. Mas, talvez, a mais expressiva conquista do Objective Drama Program tenha sido o fato de que foi ali que Grotowski conheceu Thomas Richards e iniciou o trabalho de transmissão que realizou até o fim de sua vida.

Objective Drama: Addendum

O Objective Drama era apenas parte do trabalho de Grotowski em Irvine. Durante o ano letivo de 1985-1986, Grotowski conduziu uma aula de teatro para alunos da UC-Irvine com a assistência de James Slowiak. A aula estava completamente fora dos parâmetros do Objective Drama Program e enfocava a construção de uma partitura precisa de ações físicas, a construção de uma moldura pessoal e criativa para cada cena, e o tempo-ritmo.

A cada ano, entre 1987 e 1992, Grotowski retornou a Irvine para sessões de duas semanas com alunos da UC-Irvine, sempre assistido por James Slowiak. Em 1989, James Slowiak trabalhou por cinco meses com um grupo de alunos, antes da chegada de Grotowski. Em 1992, Jairo Cuesta e James Slowiak trabalharam com alunos de Irvine e da Universidade de Akron e ainda com integrantes do New World Performance Laboratory.

O trabalho realizado nessas sessões foi sempre testemunhado e analisado por Grotowski.

> NEW WORLD PERFORMANCE LABORATORY – Um grupo de teatro de pesquisa localizado em Akron, Ohio, codirigido por James Slowiak e Jairo Cuesta. O grupo realiza apresentações e oficinas internacionalmente.

Grotowski deixou claro que os aspectos de seu trabalho mais orientados para a performance estavam completamente separados de sua pesquisa pessoal e de forma alguma indicavam seu retorno ao teatro. Considerava as sessões em Irvine como "lições sobre o ofício teatral – o trabalho do encenador com o ator – em sua conotação nobre e antiga, como nos tempos remotos de Stanislavski".[61] Em 1985, Grotowski recebeu o diagnóstico de câncer. A partir daí, a missão de transmitir seu conhecimento e de terminar seu trabalho ganhou uma dimensão mais urgente.

ARTES RITUAIS OU ARTE COMO VEÍCULO
(1986-1999)

Quando Grotowski começou a sentir a pressão de seus aliados norte-americanos para mostrar um resultado, transferiu suas atividades principais para a Itália, a convite de Roberto Bacci e Carla Pollastrelli. Acompanhando-o como assistentes no novo projeto estavam Pablo Jimenez (n. 1956), Thomas Richards e James Slowiak. Em agosto de 1986, foram morar em Pontedera, no coração da Toscana, onde um novo espaço de trabalho foi preparado para o grupo em uma antiga fazenda de tabaco e vinhedos a cerca de cinco quilômetros da cidade.

---

[61] Citado em Richard Schechner e Lisa Wolford (eds.), op. cit., p. 293.

> ROBERTO BACCI (n. 1949) e CARLA POLLASTRELLI (n. 1950) – Empresários italianos de teatro que muitas vezes ofereceram asilo a grupos poloneses durante a década de 1980. Seu centro em Pontedera continua a hospedar o Workcenter of Jerzy Grotowski and Thomas Richards.

Sessões de seleção para participantes de longo prazo ocorreram em agosto e setembro. Centenas de jovens artistas chegaram a Pontedera ao longo dos anos seguintes para participar do novo projeto. Grotowski e sua equipe os recebiam com violenta intensidade. Grotowski dissera à equipe que, já que não tinham nenhuma habilidade profissional real, precisariam atacar os participantes como camicases. Os três assistentes tomaram-no ao pé da letra. As sessões de trabalho duravam muitas vezes até o amanhecer. Cantos, treinamento físico e exercícios sobre os fundamentos do ofício faziam parte do regime. Grotowski indispunha-se contra o diletantismo e sabia que não poderia concretizar seus planos até que o grupo alcançasse alto nível profissional. Grotowski assistia ao trabalho e depois se encontrava com cada um dos três assistentes, incitando-os a serem mais precisos e a terem mais qualidade em tudo o que faziam. Enquanto isso, ele continuava a trabalhar em sessões privadas com Thomas Richards.

Grotowski estava entrando na fase final da pesquisa que nomearia Arte como Veículo ou Artes Rituais. Essa fase tinha dois temas principais: transmissão e objetividade do ritual. A transmissão se revelou mais fortemente na relação de Grotowski com Thomas Richards. Após um turbulento período experimental, descrito em seu livro *Trabalhar com Grotowski sobre as Ações Físicas* [*At Work with Grotowski on Physical Actions*], Richards se dedicou às tarefas que Grotowski estabelecia para ele e esteve à altura de cada desafio. Por fim, Grotowski confiou a Thomas Richards a continuidade de sua pesquisa.

"Objetividade do Ritual" descreve a tentativa de Grotowski de criar uma estrutura performativa que funcionasse como ferramenta para o trabalho sobre si. Essa estrutura não se direcionava ao espectador, mas apenas às pessoas que faziam o trabalho. A estrutura fornece uma chave detalhada para a transformação da energia – para ascender em direção a uma energia mais sutil e atingir um estado de organicidade: "os elementos da Action são instrumentos para trabalhar o corpo, o coração e a cabeça dos atuantes".[62] Grotowski e Thomas Richards conquistaram o objetivo criando um *opus* intitulado simplesmente *Action* (ver capítulo 3).

Outro Começo

Em toda a década de 1990, centenas de grupos de teatro e outros especialistas viajaram a Pontedera para testemunhar o trabalho do Workcenter of Jerzy Grotowski e compartilhar seus próprios espetáculos e métodos. Esses encontros aconteciam sem publicidade e resultaram em trocas discretas e informais acerca do ofício com Grotowski e com os membros da sua equipe de pesquisa. Entre os visitantes estava o famoso diretor russo Anatoly Vasiliev (n. 1942) que, após assistir a *Action*, aclamou Grotowski como seu pai espiritual e profissional. Centenas de jovens viajaram para as sessões de seleção e para estar em outros encontros conduzidos por Thomas Richards e por Mario Biagini (n. 1964), diretor associado do Workcenter. Hoje, o Workcenter

---

[62] Jerzy Grotowski, "From the Theatre Company to Art as a Vehicle". In: Thomas Richards, op. cit., p. 122.

viaja pelo mundo para apresentar seu trabalho no campo da Arte como Veículo, bem como estruturas artísticas mais orientadas para o espectador.

> ANATOLY VASILIEV (n. 1942) – Encenador russo cujas produções agitaram a Europa nas décadas de 1980 e 1990. Dirige uma escola de teatro e centro artístico em Moscou.

Grotowski passou a década de 1990 em um redemoinho de novas atividades. Retornou brevemente à Polônia para receber uma honraria especial em 1992. Organizou um grande projeto no Brasil em 1996 e fez várias viagens para os Estados Unidos, incluindo residências na Universidade de Nova York, Universidade Northwestern, Universidade Fordham e Bennington College. Recebeu ainda outras honrarias, incluindo o MacArthur "Genius" Fellowship (1991). Em 1996, foi escolhido para a primeira cadeira de Antropologia Teatral, no prestigiado Collège de France. Ministrou dez aulas em Paris, entre março de 1997 e janeiro de 1998, sobre "A linha orgânica no teatro e no ritual".

Todo esse trabalho foi realizado enquanto ele lutava contra a debilitação de sua saúde. Grotowski passou o último ano de sua vida isolado no apartamento em Pontedera, sob os cuidados de Thomas Richards e Mario Biagini. Faleceu em 14 de janeiro de 1999. Alguns meses depois, suas cinzas foram espalhadas na montanha Arunachala, em sua amada Índia.

2.

Textos essenciais de Grotowski

São poucos, na verdade, os textos de Grotowski. Um livro publicado como sendo de sua autoria, *Em Busca de um Teatro Pobre*, é basicamente uma coletânea de entrevistas, anotações sobre espetáculos e oficinas e comentários de Ludwik Flaszen e Eugenio Barba. Dos quinze artigos do livro, apenas cinco foram escritos pelo próprio Grotowski, que não gostava de registrar seus pensamentos no papel, sabendo que, depois de impressos, eles corriam o perigo de se tornarem receitas ou fórmulas. A linguagem, para ele, era viva, sempre mutante e nunca deveria ser petrificada.

Grotowski insistia que seu conhecimento só podia ser transmitido através do contato direto, na interação entre indivíduos.

Privilegiava a tradição oral, principalmente a relação direta entre mestre e aprendiz, mas também compreendeu a necessidade da confrontação pública para testar a validade de seus pontos de vista e evitar a armadilha da autoilusão. Recorria ao escrever quando sentia que era o momento de esclarecer as ideias ou de levar seus pensamentos para um nível mais elaborado de análise e compreensão.

Muitas vezes editava e revisava suas palestras ou entrevistas e grande parte do material publicado ao longo dos últimos trinta anos de sua vida baseia-se nesses encontros públicos. Esse aspecto "vivo" é evidente, já que seus textos nem sempre seguem as prescrições da boa gramática, e muitas vezes adotam um tom provocativo, desafiador e transbordante de ideias. Estar presente em uma das conferências de Grotowski era ser bombardeado por uma metralhadora em um certo momento, para, em seguida, ser transportado às alturas por uma águia; atacado de forma selvagem por um lobo e depois ninado por um anão com riso irônico. Seus textos refletem essa experiência.

Richard Schechner e outros criticaram Grotowski pelo controle que exercia sobre a tradução e difusão de seus textos.[1] Muitas suposições são possíveis no que se refere à sua obstinação nesse terreno: sua experiência com o totalitarismo, sua tradição católica romana, sua firme crença no modelo mestre-discípulo. No entanto, dada a precisão detalhada dos seus espetáculos e a rara qualidade que conquistou em tudo que fez, o desejo de controlar seus textos nos parece natural. Grotowski entendeu que no futuro seria lembrado e estaria sujeito a escrutínio principalmente através dos seus textos. Queria ter certeza

---

[1] Richard Schechner e Lisa Wolford (eds.), *The Grotowski Sourcebook*. London/New York, Routledge, p. 472. Primeiramente publicado em 1997.

de que a palavra escrita não seria enganosa ou distorceria a sua visão, e sim refletiria os seus pensamentos e práticas da melhor maneira possível.

Entrando no Mundo de Grotowski

Irina Rudakova identificou quatro conceitos básicos recorrentes em toda a carreira de Grotowski: sacrifício, presença (*hic et nunc*), totalidade e a "eliminação da separação entre a ação 'literal' e a 'representada'...".[2] Talvez haja alguma justaposição na definição desses quatro conceitos, mas juntos eles equivalem à organicidade, preocupação permanente que permeia toda a pesquisa e o trabalho de Grotowski.

Para navegar no campo das ideias e questões que circundam o trabalho de Grotowski, algumas premissas precisam ser reconhecidas. Uma delas diz respeito ao paradoxo. Se alguém tem dificuldade em aceitar o paradoxo, terá dificuldade em aceitar a retórica e o sistema de pensamento de Grotowski.

> Paradoxo – Existe quando uma afirmação ou conjunto de afirmações parece se contradizer, mas pode, de fato, ser verdadeira.

Outra premissa concernente a Grotowski é seu transespiritualismo. Ele extrai suas ideias e vocabulário de muitas fontes metafísicas, incluindo hinduísmo, taoísmo, gnosticismo e budismo, assim como dos trabalhos de Carl Jung, Mestre Eckhart e G. I. Gurdjieff. Grotowski se refere a esses vários sistemas de

---

[2] Irina Rudakova, "'Action is Literal': Ritual Typology and 'Ritual Arts'". In: Shimon Levy (ed.), *Theatre and Holy Script*. Brighton/Portland, OR, Sussex Academic Press, 1999, p. 24.

pensamento não para imitá-los ou para criar uma síntese, mas sim para avaliar seus próprios métodos e ideias.

> CARL JUNG (1875-1961) – Psiquiatra suíço que abordou a psique humana através da exploração de sonhos, arte, mitologia, religião e filosofia.

> MESTRE ECKHART (1260-1328) – Teólogo alemão, filósofo e místico condenado por heresia, cujos escritos metafísicos, simples e ainda assim abstratos, foram em grande parte extraídos de imagens míticas e influenciaram muitos filósofos modernos.

Dialética: O Orgânico e o Artificial

Críticos como Jane Milling e Graham Ley (2001) muitas vezes enfocam as contradições das teorias de Grotowski. Apontam para seu movimento entre teatro e não teatro, o uso de retórica teatral ao tratar de assuntos espirituais e de linguagem espiritual no domínio teatral, o que revelaria dois impulsos opostos que nunca se resolveram. Mesmo que Grotowski mudasse diversas vezes seu vocabulário e explorasse uma variedade de sistemas de crença (tradicional e contemporâneo), nunca se desviou do caminho que escolheu para pesquisa. No fim da vida, durante as suas palestras no Collège de France, referiu-se a esse caminho escolhido como "a linha orgânica no teatro e no ritual", e a comparou com a "linha artificial", mais frequentemente encontrada nas artes cênicas. Esta é uma contradição que precisaria ser reconciliada? Ou é precisamente a dialética entre as duas – orgânica e artificial – que revela as conclusões de um mestre do teatro que percebeu como utilizar as ferramentas do seu ofício como veículo para a transformação pessoal? Examinar a seleção de textos de Grotowski publicados em vários períodos de sua pesquisa nos permite ver como a dialética entre orgânico e artificial definiu as suas investigações e criou um novo paradigma para os artistas acerca do seu próprio trabalho.

"EM BUSCA DE UM TEATRO POBRE" (1965)

Em Busca de um Teatro Pobre (primeiramente publicado em polonês, em 1965, foi traduzido por T. K. Wiewiorowski em 1967) é o artigo inaugural de Grotowski, o primeiro no livro de mesmo nome, e introduz claramente vários dos conceitos fundamentais do trabalho do Teatro Laboratório durante o período do Teatro dos Espetáculos. No artigo, Grotowski define dois conceitos fundamentais: o teatro pobre e a encenação como ato de transgressão. Também levantou uma discussão inicial acerca de alguns princípios vitais, como *via negativa*, *conjunctio-oppositorum*, arquétipo, mito e transluminação do ator. Seus pensamentos sobre a função do mito no teatro contemporâneo e na sociedade elucidam seu domínio de psicologia, história e antropologia. O artigo termina com uma descrição íntima, apesar de muito breve, da relação diretor-ator no Teatro Laboratório (ver capítulo 3).

Grotowski afirma que chegou ao conceito de teatro pobre como resultado de um longo processo em que tentava definir o que especificamente é o teatro e depois de uma investigação detalhada sobre a relação ator-plateia. Grotowski exige que o teatro procure ver no que ele é diferente das outras categorias de trabalho artístico, principalmente da televisão e do cinema. O desfecho desse questionamento é o *teatro pobre*, despido do caráter de espetáculo, da maquiagem e da ornamentação supérflua, centrado na crença de que a técnica pessoal e cênica do ator é o cerne da arte teatral: "O teatro pode existir sem maquiagem, sem figurinos autônomos e cenografia, sem uma área de apresentação separada (palco), sem efeitos sonoros e de iluminação, etc. Ele não pode existir sem a relação ator-espectador, em uma comunhão perceptiva, direta, 'viva'".[3]

O Teatro Pobre de Grotowski é mais bem compreendido em relação aos seus ideais acerca do Teatro Rico, um teatro "rico em defeitos".[4] O Teatro Rico incorpora ao palco elementos de outras disciplinas e do cinema e vídeo. Ao invés de olhar para o que é singular na experiência do teatro, o Teatro Rico define o teatro como síntese de outras formas de arte e dependente da expansão e exploração da tecnologia e de outros recursos mecânicos no palco e no auditório. Grotowski e seus colaboradores, no entanto, evitaram tais "riquezas" e conceberam um novo espaço de apresentação para cada espetáculo, incluindo apenas os elementos necessários.

Arquétipo/Mito

Quando Grotowski começava a trabalhar com uma dramaturgia, primeiramente tentava identificar e confrontar o arquétipo em cada texto. Arquétipo, para Grotowski, se refere a uma situação humana primordial no texto e, às vezes, ao mito em si mesmo. O medo de Grotowski de que a linguagem fosse capaz de congelar um processo orgânico muitas vezes o levou a utilizar vários termos relacionados a um mesmo conceito ou princípio.

---

[3] Jerzy Grotowski, *Towards a Poor Theatre*. Ed. Eugenio Barba. New York, Routledge, 2002, p. 19. Publicado primeiramente em New York, Simon and Schuster, 1968.
[4] Ibidem.

No *Em Busca de um Teatro Pobre*, ele cita outros termos, dos grandes humanistas, que poderiam substituir o arquétipo: raízes, alma mítica e imaginação grupal.[5]

Grotowski analisou cuidadosamente a questão do mito na história do teatro e em relação a outros campos de conhecimento, principalmente psicologia e antropologia. Sentiu que o mito fora usado, tradicionalmente, para libertar a "energia espiritual" da congregação ou tribo, que os espectadores identificavam--se com o mito e conscientizavam-se de sua verdade pessoal na verdade do mito. Grotowski percebeu que a forma mítica tradicional não funcionava no teatro da atualidade, onde os espectadores eram menos definidos por crenças tribais e religiosas e o medo e a piedade, que antes levavam a plateia à catarse, já não provocam resposta.

Ele propôs um confronto com o mito, mais do que uma identificação. Se os atores e o diretor mantêm suas associações pessoais e experiências particulares enquanto tentam encarnar o mito (ou arquétipo) na encenação, então a conexão com as raízes e tanto a relatividade dos problemas de hoje quanto a relatividade das próprias raízes tornam-se perceptíveis para o espectador. Nessa luta ou confronto é possível tocar uma camada mais íntima e pessoal do ator que, quando exposta, suscita um choque que pode quebrar a máscara social do espectador e do ator e tocar cada um deles em um nível mais profundo. Grotowski acreditava que, dada a ausência de um sistema de crenças comum, era somente através da conexão direta entre ator e espectador, sem artifícios, através da "percepção do organismo humano", que o mito nos permitiria mais uma vez experienciar uma verdade humana universal.

[5] Ibidem, p. 24.

Transgressão e Blasfêmia

Encarada dessa maneira, a representação se torna um ato de transgressão, não no sentido do pecado, e sim no sentido de ir além dos limites individuais. O que isso significa para o ator? Aqui, a linguagem de Grotowski se torna áspera. Fala de tabu, de violação, mas o que está realmente pedindo ao teatro é que este rejeite seus clichês e se recoloque no âmbito da provocação, no qual somos capazes de "atravessar nossas fronteiras, exceder nossas limitações, preencher nosso vazio – nos tornarmos plenos".[6]

Grotowski reconhece seu fascínio por tradições e mitos da sua cultura e nação, assim como seu desejo de atacá-los e blasfemar contra eles. Blasfêmia não é apenas uma paródia ou profanação: para Grotowski, significava desafiar realmente as tradições e os mitos enraizados (tanto culturais quanto religiosos), através da comparação e do confronto com a experiência de cada um, que é, obviamente, determinada pela experiência coletiva da época.

Podemos talvez melhor compreender esse tipo de blasfêmia com um exemplo. Vamos supor que estamos fazendo uma peça acerca de soldados norte-americanos. O mito comum é o soldado norte-americano como libertador, herói, patriota e protetor dos desafortunados. A experiência recente nos mostra outra coisa. Sabemos que existem soldados sádicos, torturadores, racistas e viciados. Conhecemos soldados americanos valentões, covardes ou inquiridores. A verdade do soldado norte-americano é muito mais complexa que o mito, mesmo que este também se fundamente em algum tipo de verdade. O GI norte-americano sorridente, distribuindo chiclete, é uma memória concreta para milhares de italianos da Segunda Guerra Mundial. Mas, se ela revela o submundo do mito, se ela blasfema, o ator provoca uma

[6] Ibidem, p. 21.

resposta no espectador que, depois do choque inicial, permite-nos reconsiderar nossas raízes e as histórias ou mitos que aceitamos. Tornamo-nos irmãos e irmãs, compartilhando a vergonha e a culpa, expondo os segredos mais bem guardados da família. Tornamo-nos o que Grotowski chamou de espectador-amigo, discutido no capítulo 1.

Via Negativa e o Início

Para tudo isso acontecer, o ator e o diretor precisam estar em um estado de prontidão passiva, "não um estado pelo qual *queremos fazer algo*, mas *desistimos de não fazê-lo*".[7] Esse estado é conquistado pela aplicação consciente da *via negativa*, em que os bloqueios psicofísicos são sistematicamente erradicados através do rigor do treinamento físico e vocal e através do trabalho criativo sobre o papel. Grotowski sublinha aqui que o processo demora muitos anos e não é voluntário. Sim, é preciso que haja "concentração, confiança, exposição e quase o desaparecimento dentro do ofício",[8] mas tudo isso leva apenas ao começo da estrada, a um estado de "prontidão passiva".

Nesse ponto, os céticos podem começar a vociferar: qual é a validade de estar no começo? Por que privilegiar o começo? E, quando se chegar ao começo, o que virá então? A resposta de Grotowski: estar no começo é precisamente onde se quer estar. Essa é a meta. A meta integral. O ato de transgressão. E ele claramente o afirma aqui, em seu primeiro artigo escrito. É o estado do começo, Grotowski se refere a ele aqui como uma técnica do transe, no qual os poderes do corpo e da mente do ator

---

[7] Ibidem, p. 17.
[8] Ibidem.

se tornam integrados e "emergem das camadas mais íntimas do seu ser e do seu instinto, aparecendo em uma espécie de transluminação". "Transluminação" (palavra criada por Grotowski) significa se movimentar em direção a um estado lúcido, radiante e inspirado do ser.

Técnica do Transe: Um Desvio

Posteriormente discutiremos mais acerca das ideias de Grotowski sobre "o começo". Mas talvez agora seja necessário clarear o uso que Grotowski faz do termo transe. Estranhas noções de transe em filmes hollywoodianos, com zumbis ou pseudo-hipnotizadores, permeiam a cultura popular. No entanto, quando Grotowski usa o termo, relaciona-o especificamente ao campo do atuante, à consciência do parceiro e à habilidade de se adaptar ao ambiente.

> Vamos supor que vemos um ator, durante uma apresentação, e o que ele está fazendo é muito claro, limpo, o processo orgânico é visível, não há desordem, tudo chega de forma forte e evidente; é forte porque emana um tipo de sugestão. Podemos dizer que hipnotiza as pessoas, e nesse momento muitas enxergam algo desconhecido, que não é apenas organicidade e articulação. Há algo mais, um fenômeno energético potente, e então as pessoas dizem: "este ator está em estado de transe".[9]

Para Grotowski, o transe é o estado ideal de um ator em cena. Transe (como um potente fenômeno energético) existe quando um tipo diferente de consciência se apresenta. Essa "outra" consciência

---

[9] Jerzy Grotowski, *Tecniche Originarie dell'Atore*. Roma, Istituto del Teatro e dello Spettacolo, Università di Roma, 1982, p. 9-10.

envolve uma mudança perceptível de energia, que ele chama de "consciência transparente". Pode esse "processo orgânico" existir sem transe? Sim, mas Grotowski assinala que em tais casos as reações não são imediatas, porque primeiro precisam passar pelo centro de pensamento do ator. Uma das buscas mais duradouras de Grotowski foi pela redução do lapso entre pensamento e ação.

Ele observou que tal integração ocorre em um estado de transe e cada ensaio ou apresentação deve gerar a possibilidade de o artista atingir esse estado de consciência e atenção. Não há truque. Como em um ritual, o transe acontece no mundo de Grotowski com a repetição de um repertório preciso de ações.

No entanto, Grotowski distingue entre o transe saudável e o não saudável. Em um "transe saudável", o estado de atenção é muito alto e essa nova consciência transparente percebe simultaneamente, fora e dentro, mas percebe sem identificação ou apego. Nesse estado, não é "você" que reage, e sim "aquilo" (a outra consciência). Essa consciência transparente oferece a impressão de que o tempo se torna lento, mas as reações não são lentas no momento, são imediatas. Reciprocamente, em um "transe não saudável", toda a consciência é perdida. Grotowski muitas vezes disse que uma maneira de testar se uma pessoa está em transe saudável é jogar algo na frente dela. Se evitar o obstáculo, está em um transe saudável. Se tropeçar, o transe não é saudável. Em outras palavras, um transe não saudável não é um transe, e sim uma consciência que não está funcionando.

Outra qualidade da consciência transparente é que, quando não ocorre na situação inter-humana, torna-se "espacial". Essa "espacialidade" pode ser difícil de ser assimilada por ocidentais porque ela não é um espaço delimitado por objetos. Ela é mais um espaço que contém todos os objetos, não apenas físicos, mas também interiores, como pensamentos, emoções e imagens.

E onde se encontra o corpo nesse espaço? Na consciência transparente. E o que acontece se existe ação? O corpo se movimenta e reage de forma precisa dentro da consciência transparente. Em um estado como esse, Grotowski considera que é até difícil dizer: "Eu me movimento". É possível dizer "se movimenta" ou "existe movimento". "E, nesse momento, *movimento é ao mesmo tempo repouso*. O movimento e o corpo estão dentro de uma consciência transparente... 'que' permanece em repouso e é espacial."[10] Essa espacialidade torna-se uma testemunha ou, se preferir, a consciência transparente torna-se uma testemunha espacial e serena. Alguns destes conceitos (testemunha, movimento que é repouso) serão mais desenvolvidos no Teatro das Fontes e nas fases de pesquisa das Artes Rituais, mas talvez possamos trazer essas ideias para um nível mais concreto para o ator se compararmos a "consciência transparente como testemunha" ao que Grotowski denominou, no Teatro dos Espetáculos, como parceiro seguro.

Parceiro Seguro

Em uma entrevista de 1967 com Richard Schechner, Grotowski discute o parceiro seguro e cuidadosamente sublinha o processo do ator para alcançar o estado de "doação total".

1. Começa-se com o material que permita ao ator a oportunidade de explorar sua relação com os outros.

2. Procurar por aquelas memórias ou associações que condicionaram seu contato com os outros.

---

[10] Ibidem, p. 84.

3. O ator deve doar-se totalmente para essa busca e não atuar para ele mesmo ou para o espectador.

4. A busca deve ser dirigida a partir dele mesmo em direção ao exterior, mas não para o exterior.

5. Quando o ator começa a viver em relação ao parceiro a partir da sua própria biografia, pode começar a usar os outros atores como telas para a vida do parceiro. Ele projeta as suas imagens pessoais e associações nas personagens da peça como em uma tela de cinema. Reage no aqui e agora aos seus parceiros, mas também reage à sua partitura pessoal.

6. Na fase final, ele descobre um "parceiro seguro", este ser especial na frente de quem ele faz qualquer coisa, em frente de quem brinca com as outras personagens e para quem revela seus problemas e experiências mais pessoais.[11]

Nessa entrevista, Grotowski afirma que um parceiro seguro é um ser humano, mas não pode ser definido. Declara que um renascimento ocorre no ator, uma mudança visível em seu comportamento, e que, uma vez que o parceiro seguro é descoberto, o ator está pronto para resolver qualquer problema criativo com o qual possa se deparar.

No livro *Em Busca de um Teatro Pobre*, Grotowski introduz diversas ideias sobre o que futuramente denominará linha orgânica do ator. Nos primeiros artigos, chama-a de técnica interna, técnica espiritual, processo pessoal, e afirma categoricamente que "não há contradição entre técnica interna e artifício...". De fato, é através da composição artificial de um papel (a forma) que é possível desvelar sua linha espiritual. "A forma é como uma armadilha, uma isca, à qual o processo espiritual responde

---

[11] Jerzy Grotowski, *Towards a Poor Theatre*, p. 246-47. Ênfases no original.

espontaneamente e contra à qual luta".[12] No próximo artigo selecionado, "O Discurso Skara", Grotowski discorre acerca da linha artificial do ator e de algumas das ferramentas que podem ser utilizadas para montá-la.

"O DISCURSO SKARA" (1966)

"O Discurso Skara", também publicado no *Em Busca de um Teatro Pobre*, foi proferido a um grupo de jovens participantes de uma oficina após dez dias de seminário na Escola Dramática de Skara, na Suécia, em janeiro de 1966. Grotowski e seus colaboradores muitas vezes conduziam esses seminários para apresentar os exercícios físicos e vocais do Teatro Laboratório. Embora Grotowski nunca tivesse a intenção de ensinar um método, "O Discurso Skara" é como uma cartilha para o ator. Nessa conversa acerca do ofício, Grotowski estabelece diversos conceitos importantes de atuação, que vão além de qualquer metodologia particular.

- Associações: associações não podem ser planejadas. São memórias precisas, que não são apenas pensamentos, mas são ligadas ao corpo e à reação física da memória. "É executar uma ação concreta, e não apenas um movimento como um acariciar genérico, mas, por exemplo, como se afaga um gato. Não um gato abstrato, mas um gato que eu já vi, com o qual já tive contato. Um gato com nome específico – Napoleão, se quiser. É este o gato particular que você agora acaricia. Estas são associações."[13]

- Impulsos: impulso é um dos conceitos mais importantes para o ator grotowskiano. Ele muitas vezes afirmou que a maneira de perceber

[12] Ibidem, p. 17.
[13] Ibidem, p. 226.

se o ator está trabalhando organicamente ou não é determinar se está trabalhando no nível dos impulsos. Também aponta seu trabalho acerca dos impulsos como a principal diferença entre a sua pesquisa e o sistema de ações físicas de Stanislavski.[14] Em "O Discurso Skara", menciona impulsos diversas vezes, mas não os define. Sua definição vem depois, em entrevista de 1992:

> Antes da ação física existe um impulso. Dentro dela reside algo muito difícil de apreender, porque o impulso é a reação que começa dentro do corpo e que é visível apenas quando já se tornou uma pequena ação. O impulso é tão complexo que não é possível afirmar que é apenas do domínio corporal.[15]

Grotowski afirma que sem impulso a ação tende a permanecer no nível do gesto. O impulso nasce dentro do corpo, precede a ação e empurra de dentro do corpo para a periferia, para se tornar visível na ação. Ele contou a Thomas Richards que "impulsos são os morfemas da ação (...), e o ritmo básico da ação são impulsos prolongados em ações".[16] Grotowski também acreditava que treinar os impulsos, mais do que as ações físicas, permite que tudo o que o ator faça se torne mais enraizado no corpo.

Como treinar os impulsos? Depois de ter uma partitura precisa de ação – quando você sabe o que está fazendo –, você pode começar a buscar no seu corpo o ponto de início da ação. "É possível dizer que a ação física quase nasceu, mas é ainda retida, e dessa forma é em nosso corpo que estamos 'colocando' a ação certa (assim como alguém 'coloca a voz')."[17] Você pode treinar os impulsos sentado no ônibus, em público. Atores de

---

[14] Thomas Richards, *At Work with Grotowski on Physical Actions*. London/New York, Routledge, 1995, p. 99.
[15] Grotowski, citado em ibidem, p. 94.
[16] Ibidem, p. 95.
[17] Grotowski, citado em ibidem, p. 95.

cinema muitas vezes trabalham impulsos enquanto aguardam o momento de filmar sua cena. A noção de organicidade de Grotowski é justamente esse fluxo de impulsos vindos de dentro e se movimentando sem impedimentos para a realização de uma ação precisa.

- Partitura: para Grotowski, uma partitura – "texto e ação claramentes definidos" – é absolutamente necessária para que qualquer outra coisa aconteça no palco. Na apresentação, não se deve nunca buscar a espontaneidade sem uma partitura. É impossível. A partitura é seu fundamento como ator. No entanto, a patitura não deve ser confundida com uma palavra estéril frequentemente utilizada no teatro – bloqueio. Uma partitura envolve muito mais do que apenas movimento. Ela consiste principalmente em fixar os momentos de contato entre você e seu(s) parceiro(s).

- Contato: o contato é um dos elementos essenciais do ofício do ator. Não deve ser entendido meramente como olhar ou como fixar os olhos no parceiro. Contato é ver verdadeiramente. Se você realmente vir e ouvir seu parceiro, ocorre uma adaptação natural. Você deve ajustar o que está fazendo porque hoje, mesmo que você e seu parceiro estejam seguindo a mesma partitura de ações, sempre haverá leves diferenças. A verdadeira improvisação se apresenta no nível do ver, ouvir e ajustar. Estar presente e vivo no palco é estar em contato, e esse contato resulta em harmonia entre você e seu parceiro. Vocês estão juntos no mesmo momento – vendo, ouvindo e respondendo.

Grotowski apresenta dois exercícios para trabalhar o contato. Ambos exigem que a partitura já esteja fixada – o que deve acontecer tardiamente no processo de ensaio, quando a peça está quase pronta para ser apresentada. No primeiro exercício, um ator recebe a tarefa de atuar de forma radicalmente diferente, enquanto os outros mantêm suas partituras, ajustando suas reações aos novos estímulos. O segundo exercício envolve dois parceiros, que fazem uma cena e mudam suas intenções, enquanto continuam a partitura física da ação. O perigo vem da tentação, em ambos os exercícios, de alterar a partitura física, o que seria muito fácil. O ator deve manter a partitura física e renovar o contrato.

- Signo: o trabalho de Grotowski com atores durante a fase do Teatro dos Espetáculos baseou-se na construção de signos. Um signo "é a reação humana, purificada de todos os fragmentos, de todos os outros detalhes que não são de importância vital. O signo é um impulso claro, um impulso puro. As ações dos atores para nós são signos".[18]

Aqui reside uma grande diferença entre o trabalho de Grotowski com atores e o de Stanislavski nas ações físicas. Grotowski não estava interessado em reconstruir o comportamento cotidiano no palco. Sentiu que o chamado comportamento natural era uma forma fabricada, que de fato servia para obscurecer a verdade, mais do que para revelá-la. Diz que em uma situação extraordinária (um momento de terror, alegria ou perigo) o ser humano não se comporta "naturalmente". "Um homem em estado espiritual elevado usa signos ritmicamente articulados, começa a dançar, a cantar. Um signo, não um gesto comum, é, para nós, a unidade elementar de expressão."[19]

É interessante atentarmos aqui para o fato de que, no livro de Thomas Richards, a tradução desse comentário de Grotowski sofreu uma mudança. Lê-se: "não o gesto comum ou a 'naturalidade' cotidiana, mas sim um signo é adequado à nossa expressão primordial".[20] Mais tarde, Richards novamente substituiu a

---

[18] Jerzy Grotowski, *Towards a Poor Theatre*, p. 234.
[19] Ibidem, p. 17-18.
[20] Thomas Richards, op. cit., p. 104.

palavra "comum" por "natural". Acreditamos que, nessa nova tradução, Grotowski tentava distinguir entre o que é natural, orgânico, primordial e os outros modos de comportamento cotidiano. Ele estava interessado no que era natural, não no que era comum ou cotidiano. A mudança também mostra como os signos surgem como parte da expressão natural de cada um e como, depois, podem ser trabalhados como parte de uma técnica formal de teatro.

No teatro de Grotowski, o papel do ator é construído de signos através dos quais os impulsos podem fluir. O signo se torna a forma exterior, perceptível para o espectador. Os signos de Grotowski não devem ser confundidos com os *mudras* do Kathakali indiano ou com os hieróglifos de Artaud. Os signos não são um vocabulário de movimento, eles chegam da destilação das ações do ator, "ao eliminar os elementos do comportamento 'natural' (comum), que obscurecem o impulso puro".[21] O resultado, para o ator, é uma partitura fixa e formal de signos, que serve como uma armadilha para o processo interno e como porta para entrar no "fluxo vivo de impulsos".[22]

> KATHAKALI INDIANO – Forma espetacular de dança-teatro indiana, que se originou em Kerala, cerca de quinhentos anos atrás. Os atores usam vívida maquiagem e figurinos elaborados e contam as histórias usando *mudras* (gestos precisos das mãos), movimento corporal e expressões faciais.

- Clichê – Em "O Discurso Skara", Grotowski adverte os atores a não representarem clichês, usando a "estrada fácil das associações". Por exemplo, se você sempre disser "Que dia lindo", com um tom

---

[21] Jerzy Grotowski, *Towards a Poor Theatre*, p. 18.
[22] Thomas Richards, op. cit., p. 104.

feliz, e "Hoje estou um pouquinho triste", com um tom triste, você estará simplesmente ilustrando as palavras e não revelando a complexidade de um ser humano atrás das palavras do senso comum. As palavras de um dramaturgo não devem nunca ser ilustradas. Talvez o espectador fique mais satisfeito com essas "lindas mentiras", mas o ator não deve trabalhar para agradar ou alcovitar o espectador. O trabalho do ator é falar a verdade e "sempre tentar mostrar ao espectador o lado desconhecido das coisas".[23]

Grotowski oferece como exemplo a Madona: se você vai representar a Virgem Maria, o clichê seria uma mãe se debruçando ternamente sobre seu bebê. Mas a maternidade é bem mais complicada. Há na mãe um aspecto da "vaca", aquela que aleita, e há também o aspecto da destruidora, como a deusa indiana Kali. Um verdadeiro retrato da Madona deve revelar mais do que a beleza da maternidade, mesmo que uma versão como essa não seja tão popular.

- Autenticidade: "Almeje sempre a autenticidade", diz Grotowski.[24] Você não pode representar a morte porque você não teve a experiência da morte, mas pode confrontar seu medo quando esteve em face da morte ou do sofrimento. Você pode se lembrar da sua reação fisiológica quando viu pela primeira vez um corpo morto, ou pode imaginar sua futura morte – mas, com uma honestidade cruel, perguntar-se realmente "Como vou morrer?". Então, o ator estará penetrando na própria experiência de forma autêntica, fazendo um sacrifício.

Mas e se você tivesse que assassinar alguém em uma peça? Muito provavelmente você nunca matou uma pessoa na vida, porém é quase certo que tenha matado alguma coisa – uma

---

[23] Jerzy Grotowski, *Towards a Poor Theatre*, p. 237.
[24] Ibidem, p. 237.

mosca, um gafanhoto, um mosquito. Tente lembrar o processo fisiológico de perseguir, esperar, ou o esmagar impulsivo e a reação ao sangue. Mas se você tiver que matar um animal em uma peça, a memória de ter matado um animal não é suficientemente desafiadora. Não é um sacrifício. Talvez, ao invés disso, você se recorde da emoção de um encontro sexual. Então, no momento em que está para matar o animal, você substitui os detalhes de sua relação sexual. Agora, você adentra os domínios da grande ação, onde se aproxima, verdadeiramente, de algo misterioso e íntimo.

O ator trabalha com o que Grotowski chama de corpo-memória. Ele afirma que o corpo não possui memória, mas é memória. Isso difere da memória emotiva ou afetiva de Stanislavski, porque você não se lembra da emoção, e sim permite que o corpo lembre do que você fez, os detalhes precisos das ações. Com esse corpo-memória, o ator trabalha com experiências passadas, mas, como no exemplo sobre a morte, o ator também pode trabalhar com futuros possíveis, caso em que a questão é mais de corpo-futuro ou corpo-necessidade. Com o tempo, Grotowski desistiu do termo corpo-memória e começou a se referir a corpo-vida – aquele fluxo de impulsos que nos guia na direção daquilo de que necessitamos, na direção de nos revelar todas as paisagens dentro de nós, os espaços abertos e fechados, o passado e o potencial. O corpo-vida é nosso eu autêntico, livre de bloqueios, e forma uma conexão direta com o que Grotowski denominará, mais tarde, corpo da essência.

- Ética: Grotowski encerra "O Discurso Skara" com uma discussão sobre ética para atores. Para ele, a moralidade ou a ética estão em "expressar no seu trabalhar a verdade total".[25] Para fazer isso, é

---

[25] Ibidem, p. 238.

preciso disciplina e organização no trabalho. Aconselha os atores a deixarem o mundo social do lado de fora da sala de ensaio e a se doarem totalmente ao trabalho. Encerra com a advertência contra o "publicotropismo", que ocorre quando o ator se orienta demasiadamente para o público. A autenticidade demanda que o ator não trabalhe para o prazer ou a adulação do público. Grotowski considera que o teatro mercadológico força os atores a se prostituírem para o público e a vender seus próprios corpos.

Grotowski também discute ética em diversos outros artigos, principalmente em "Declaração de Princípios", texto escrito para aprendizes e participantes de oficinas no Teatro Laboratório. Nesse artigo, publicado no *Em Busca de um Teatro Pobre*, Grotowski delineia um rígido código de comportamento, de riscos e atitudes diante do trabalho artístico e pessoal do ator, necessários para a realização do "ato total".

> Este ato não pode existir se o ator estiver mais preocupado com charme, sucesso pessoal, aplausos e salário do que com a criação, compreendida em sua forma mais elevada. Não pode existir se o ator o condicionar ao tamanho do seu papel, ao seu lugar na apresentação, ao dia ou tipo de plateia. Não pode haver um ato total se o ator, mesmo longe do teatro, dissipar seu impulso criativo e, como dissemos anteriormente, bloqueá-lo e depreciá-lo, particularmente através de engajamentos incidentais de natureza duvidosa ou do uso premeditado do ato criativo como meio para alavancar a carreira.[26]

Após o intenso rigor e a disciplina do Teatro dos Espetáculos e de seus severos pronunciamentos, a brusca reviravolta de

---

[26] Ibidem, p. 262.

Grotowski em direção a "Holiday" nos parece, ao mesmo tempo, surpreendente e completamente natural.

"HOLIDAY" [SWIETO]: "O DIA QUE É SANTO" (1970, 1971, 1972)

> Algumas palavras estão mortas, apesar de continuarmos a utilizá-las. Algumas destas palavras são: espetáculo, teatro, espectador, etc. Mas o que está vivo? Aventura e encontro... Para isso, do que precisamos? Primeiro, de um lugar e dos da nossa espécie; e então aqueles de nossa espécie que não conhecemos devem chegar também... O que é possível juntos? Holiday.[27]

De maneira atordoante, Grotowski anunciou sua retirada da arena da produção teatral e estabeleceu os parâmetros da pesquisa do parateatro. Até hoje, suas palavras provocam acirrado debate entre artistas de teatro. O texto "Holiday" baseia-se em diversos encontros públicos e apareceu primeiramente em inglês na *The Drama Review*, em junho de 1973. Grotowski reeditou o artigo para inclusão no *The Grotowski Sourcebook* (1997). As diferenças entre as duas versões em inglês revelam o caminho que as investigações de Grotowski tomaram vinte e tantos anos depois de sua aparente recusa do teatro. O que parece mais evidente é que muitos dos seus brutais pronunciamentos acerca da morte iminente do teatro foram removidos do artigo. Na década de 1990, estava bem mais aberto para o fato de que nunca deixou realmente o teatro. Deixou, sim, o teatro de espetáculos: as peças, as estreias e fins de temporada, os ensaios convencionais.

---

[27] Jerzy Grotowski, "Holiday [*Swieto*]: The Day that is Holy" (1997). In: Richard Schechner e Lisa Wolford (eds.), *The Grotowski Sourcebook*. New York, Routledge, 2001, p. 215.

Mas sempre se referiu a si próprio como um encenador e nunca desprezou o artesanato teatral. No entanto, no começo da década de 1970 teve que frustrar as expectativas do público de que continuaria a fazer espetáculos.

A nova versão de "Holiday" manteve diversas das diretivas contrárias ao uso do teatro para ganho monetário, adulação pública ou como lugar onde se esconder, mas enfatizou mais claramente o caminho alternativo que ele escolheu pessoalmente empreender. Grotowski nomeia esse caminho "a necessidade de encontrar um sentido" e diz que essa busca existiu em todas as épocas nas quais "as pessoas estão cientes da sua condição humana". Compara essa busca a práticas do início do cristianismo, do ioga e do budismo e a descreve como "a busca pelo que é mais essencial na vida...". E o que exatamente é isso? Grotowski responde: "Não é possível formular, apenas fazer".[28]

A linguagem e a forma de "Holiday" remetem muito à época de sua realização. O otimismo eufórico da mudança cultural, muitas vezes associado à década de 1970, permeia muitas das afirmações de Grotowski. Mas ele logo afirma que não se expressa através de metáforas, que fala de experiência, de ações, do fazer. "Isso é tangível e prático, não é filosófico, e sim algo que é feito por alguém (...); isso tem que ser lido literalmente, isso é experiência (...), é suficiente compreender que estou tentando – o máximo que posso – tocar aqui a experiência do encontro, o encontro com o homem [człowiek]..."[29]

O conceito de encontro já foi discutido (ver capítulo 1). Na nova versão de "Holiday", Grotowski esclarece seu uso da palavra "homem" com a palavra polonesa *człowiek* (pronunciada

---

[28] Ibidem, p. 220.
[29] Ibidem, p. 219.

chwo-vyek), que não tem associação de gênero, mas também não pode ser definida como "ser humano". Por ora, diremos que *człowiek* é o arquétipo que existe além do gênero, da personalidade, da identidade e de códigos sociais – quando alguém se revelou a si mesmo. Portanto, o encontro que Grotowski busca em "Holiday" nunca poderia ocorrer na atmosfera carnavalesca do mundo do entretenimento. Grotowski admite que o encontro já aconteceu em sua sala de ensaio e até mesmo em apresentações do Teatro Laboratório, mas naquele momento imagina se ele poderia ser estendido para além dos limites do teatro.

Ele declara que palavra "plateia" está morta. Quer libertar o ator da escravidão de precisar da aprovação da plateia e também quer libertar a plateia. "Holiday" clama por uma limpeza – escancarar as janelas do teatro e se livrar da poluição que asfixia o fluxo de vida, tanto no palco quanto na vida diária de cada um.

Grotowski jamais negou as contribuições fundamentais do seu "pai", Stanislavski, mas compara o trabalho de Stanislavski no teatro com as metas do seu próprio trabalho: "O que, por exemplo, distingue o que almejamos da sabedoria de Stanislavski, a genuína sabedoria do ofício? Para nós, a pergunta é: o que você quer fazer com a sua vida, quer se esconder ou se revelar? Existe uma palavra que, em muitas línguas, possui um duplo sentido: a palavra descobrir/des-cobrir. Descobrir-se significa encontrar-se e ao mesmo tempo des-cobrir aquilo que está coberto: desvelar".[30]

Grotowski deixa claro que a sua própria busca o levou para além das convenções do teatro, mas se uma peça escrita, *Hamlet*, por exemplo, for essencial como ponto de partida para alguém,

[30] Ibidem.

então, trabalhe com Hamlet. Mas não represente apenas o personagem, meça-se com Hamlet. Meça o seu homem (*człowiek*) com o de Hamlet e não minta acerca de sua própria existência. O que aparece é a "plenitude do homem", homem em sua totalidade, sem divisão, "Eu sou o que sou".

Grotowski também aborda as questões da criação coletiva, do talento e da plateia. A criação coletiva, popularizada nas décadas de 1960 e 1970 principalmente pelo trabalho do Living Theatre, pareceu a Grotowski apenas outro tipo de ditadura. O tirano não está mais apenas na figura do diretor, o grupo inteiro interfere no trabalho de cada membro, o que muitas vezes resulta em concessões, esterilidade e meias medidas. A resposta, para Grotowski, não se encontra no método – um diretor único ou um coletivo –, mas na criação de uma atmosfera em que o ator se sinta seguro o suficiente para revelar-se.

> Living Theatre – Lendária companhia norte-americana de teatro experimental, fundada em 1947 por Judith Malina (n. 1926) e Julian Beck (1925-1985). O grupo anárquico ganhou reconhecimento nas décadas de 1960 e 1970 com criações coletivas semi-improvisadas que viajaram pelo mundo e se apresentaram frequentemente em locais não tradicionais.

No que se refere ao talento, Grotowski afirma categoricamente que o "talento em si não existe, apenas sua ausência".[31] Quando alguém faz algo que não lhe cabe, isto é falta de talento. Em relação à plateia, Grotowski indaga: "Por que se preocupar com o que a plateia deveria ser?".[32] Apenas faça algo, e aparecerá alguém que vai querer encontrá-lo.

---

[31] Ibidem, p. 225.
[32] Ibidem.

A sinceridade é o ponto principal de "Holiday". A sinceridade revela o que é exclusivamente pessoal e, paradoxalmente, aquilo que é a encarnação do homem total (*człowiek zupelny*). Isso nos leva à ideia controversa de uma área coletiva do mito, uma fonte comum, ao arquétipo mencionado anteriormente. Estudiosos, como Richard Schechner,[33] têm questionado a insistência fora de moda de Grotowski por uma origem comum, algo universal e essencial. Em "Holiday", Grotowski afirma não estar interessado em discutir se a origem comum existe ou como existe. Acredita que "essa área [uma fonte comum] existe naturalmente quando a nossa revelação, nosso ato, se prolonga suficientemente e quando é concreto".[34] No mundo de Grotowski, a ordem nunca é abandonada. Ordem e forma oferecem liberdade ao indivíduo para ser como é e fornecem as margens do rio no qual flui a água viva: "eu sou água, pura, que corre, água viva; então a fonte é *ele, ela*, não *eu, ele* ao encontro de quem eu vou, frente a quem eu não me defendo. Somente quando *ele* é a fonte, *eu* posso ser água viva".[35] Em "Holiday", Grotowski nomeia essa fonte como "irmão" – aquele que é o mais essencial. "Isso contém a 'semelhança de deus', o doar e o homem [*człowiek*]. Mas também o irmão da terra, o irmão dos sentidos, o irmão do sol, o irmão do toque, o irmão da Via Láctea, o irmão da grama, o irmão do rio."[36]

A linguagem de Grotowski é muita afetada? Muito mística? Muito audaciosa? Talvez. Alguém pode fazer jogos de palavras com sua semântica, sua ciência, sua teologia ou com sua imprecisão. Mas, ainda hoje, "Holiday" ressoa como o uivo do homem

---

[33] Richard Schechner e Lisa Wolford (eds.), *The Grotowski Sourcebook*, p. 492.
[34] Jerzy Grotowski, "Holiday [*Swieto*]: The Day that is Holy" (1997). In: Richard Schechner e Lisa Wolford (eds.), *The Grotowski Sourcebook*, p. 224.
[35] Ibidem, p. 217. Ênfase no original.
[36] Ibidem, p. 221.

que busca respostas para sua grande questão existencial: "Onde está o nascimento – como irmão?".[37] A pergunta que finaliza "Holiday" leva-nos diretamente à próxima fase da pesquisa discutida no seu texto "Teatro das Fontes".

"TEATRO DAS FONTES" (1997)

Nos três artigos discutidos até aqui, a relação dos textos de Grotowski com o teatro e com o ofício do ator é óbvia. Mesmo o tom antiteatro de "Holiday" cria uma referência para os atores que trabalham no campo da apresentação pública. Mas, durante o Teatro das Fontes, Grotowski se dirige diretamente para o "programa" oculto e para as profundas questões pessoais que acompanhavam o trabalho de sua vida. Ronald Grimes sublinha que o Teatro das Fontes é menos sobre o "trabalho do ator sobre si mesmo" e mais sobre o "trabalho do ator como ele mesmo".[38] Essa foi a maior mudança de direção de Grotowski e pode deixar alguns artistas de teatro com dificuldade para perceber o valor da retórica de Grotowski sobre o conhecer a si mesmo e suas origens.

Ludwik Flaszen afirma que a década de 1970 foi a época mais feliz da vida pessoal de Grotowski. Grotowski frequentemente se referia ao período como *Belle Époque*. Grotowski nunca se casou e nunca comprou uma casa ou apartamento. Durante um breve período possuiu um Fiat 126 azul, que mal acomodava seu corpo comprido, mas nunca dirigiu – com exceção de uma loucura no *outback* australiano onde o fez e, embora não houvesse nenhum veículo à vista, aterrorizou seus colegas.

---

[37] Ibidem, p. 225.
[38] Ronald L. Grimes, "The Theatre of Sources" (1981). In: Richard Schechner e Lisa Wolford (eds.), op. cit., p. 274. Primeira impressão em *TDR: A Journal of Performance Studies*, 35, 3, p. 67-74.

Durante o tempo do Teatro das Fontes, doou muitos dos seus pertences pessoais e até emprestou seu pequeno apartamento, de propriedade estadual, para que um integrante estrangeiro da companhia pudesse abrigar sua esposa e filha. Grotowski foi então morar em uma sala isolada do edifício do Teatro Laboratório. Quando estava em Brzezinka, viveu sob as mesmas condições que o resto do grupo.

A versão do "Teatro das Fontes" que aparece no *The Grotowski Sourcebook* é uma compilação de fragmentos de diversos textos e conversas realizados entre 1979 e 1982. O artigo reúne algumas observações práticas e reminiscências daquele período de trabalho. Grotowski começa com suas próprias raízes e processo, em seguida trata dos processos dos jovens de sua "espécie" envolvidos no projeto, vindos de diferentes tradições religiosas e culturais, depois faz observações sobre as práticas de uma comunidade "religiosa tradicional" e encerra com o que só se pode interpretar como uma história pessoal de "despertar".

O início do artigo é como uma confissão: Grotowski revela aspectos do seu próprio nascimento, das suas raízes, e expõe os estímulos que geraram as questões levantadas em sua vida artística. Conta a primeira vez que viu um bezerro sendo abatido, relata que escutava o balbuciar dos adultos sentado embaixo da mesa de jantar e revela sua batalha pessoal com a doença e a fraqueza física. Lembra-se de "ansiar por organicidade" e relaciona esse desejo com a necessidade de uma arma que fosse fundamento e suporte para seu ego. Alguns buscam esse fundamento apegando-se a uma religião específica. Grotowski encontrou sua resposta explorando diversas tradições, recusando o conceito de paraíso ou de vida após a morte e aceitando a orientação em direção ao *hic et nunc* (o aqui e agora).

Conta uma história que aconteceu em seu vilarejo durante a guerra, quando tinha nove anos de idade. Perto da casa havia uma macieira, com uma forma muito peculiar. Esta árvore o atraía. Subia na árvore e às vezes era possuído pela tentação irracional de fazer coisas em relação à árvore, quase como se fosse o sacerdote da árvore. De fato, rezava uma espécie de missa ao lado da árvore, e era transportado para outro lugar.

Qual era este "outro lugar" a que se referia? Ele tenta esclarecer o paradigma que dará origem a suas observações. Ele encontrou as raízes disso em uma das antigas tradições apresentadas a ele pela mãe ou em suas próprias descobertas infantis: "Quando algo acontece dessa forma a um ser humano, então, como se diz em diferentes tradições, 'a marca do coração flutua no espaço'".[39]38 O ser humano desperta. A hipótese de Grotowski acerca do despertar se inicia, pois, como uma experiência pessoal entre ele e uma macieira.

Grotowski organiza o Teatro das Fontes em torno da dialética do "começo". Para ele, "estar no começo" é uma experiência pessoal do "agora" (*hic et nunc*). Ele se pergunta: que prática diária uma pessoa pode realizar para confrontar-se com as questões de sua própria vida sem que esteja apegada a qualquer cultura ou religião específicas? Existe uma possibilidade transcultural? Há uma fonte técnica "antes das diferenças"? Em outras palavras, o que acontece quando se suspendem as técnicas habituais e cotidianas do corpo, as quais diferenciam as culturas? O que primeiramente ocorre é o descondicionamento da percepção: "Somos programados de tal maneira que nossa atenção se volta exclusivamente para os estímulos que estão de acordo com as

---

[39] Jerzy Grotowski, "Theatre of Sources" (1997). In: Richard Schechner e Lisa Wolford (eds.), op. cit., p. 253.

imagens que aprendemos do mundo. Em outras palavras, contamos a nós mesmos sempre a mesma história".[40] Se essa percepção habitual é interrompida, novos estímulos de fora podem entrar no nosso campo de atenção. Nossa mente e corpo domesticados podem se lembrar de sua natureza esquecida, selvagem. Para Grotowski, é como retornar a um estado infantil. Uma criança que entra na floresta pela primeira vez não deixa passar nada despercebido. Ela é como "o homem que precede as diferenças".

Em suas palestras para a Universidade de Roma, em 1982, Grotowski discute a estrutura da mente [mind structure]. Trabalhando com jovens de diferentes culturas e tradições (nem todos praticantes de "tradição antiga"), Grotowski conscientizou-se das diferentes formas pelas quais cada indivíduo vê o mundo. Um fenômeno ou experiência era visto, descrito, recordado ou compreendido de forma diferente por um japonês, um hindu, um haitiano ou por um colombiano. Isso dependia da estrutura da mente de cada um. Era por isso que Grotowski estava interessado apenas em ações, experiências que poderiam ser descritas, recordadas ou compreendidas de uma maneira objetiva. As ações também precisavam ser dramáticas ou performativas – "relacionadas com o organismo em ação, com o impulso, com a organicidade" – e ecológicas – "conectadas às forças vitais, ao que chamamos de mundo vivo (...), não estar apartado, isolado (não estar cego nem surdo), daquilo que está fora de nós".[41] A equipe do Teatro das Fontes buscava ações simples, primárias, como apenas caminhar. Após meses de refinamento dos "fazeres", das ações, os integrantes da equipe confrontavam uns o trabalho dos outros. Nesse momento, ficou claro para Grotowski se as ações estavam funcionando no domínio do "antes das diferenças".

[40] Ibidem, p. 259.
[41] Ibidem.

A visão total de Grotowski a respeito do Teatro das Fontes nunca chegou a acontecer. Ao fazer uma retrospectiva, considerou que talvez o Teatro das Fontes fosse "apenas uma premissa para um campo de trabalho-possibilidade, remota no tempo; nesse momento, o objetivo pode ser apenas uma oportunidade simples para conhecer pessoas muito especiais de diferentes tradições".[42]

Críticos como Milling e Ley (2001) acusaram Grotowski de apropriação cultural no Teatro das Fontes. Essas acusações não têm qualquer base factual. Grotowski reconhecia que qualquer contato com uma tradição teria alguma reverberação (positiva e negativa) para ambos os grupos. Grotowski também sabia que a oportunidade de se conectar com essas fontes tradicionais se tornava cada vez mais rara, já que seus territórios eram mais e mais invadidos pelo monstro de globalização. As culturas estavam mudando e continuariam a mudar, independentemente de o seu grupo estabelecer contato com elas ou não. Manteve, portanto, os objetivos da equipe de receber um conhecimento em nível extremamente modesto. Eles procuravam conhecer sem que, de maneira nenhuma, atrapalhassem o evento; um conhecimento que "na prática se tornou quase transparente para pessoas cuja cultura, linguagem, hábitos mentais e comportamentais, tradições e estruturas mentais eram bastante diferentes".[43] Muitas vezes eles apenas acompanhavam: nenhuma verbalização, nenhuma imitação exterior, mantinham-se solitários na presença de outros, em silêncio no fazer. Apenas observavam: o fluxo de impulsos, a circulação de atenção, o despertar.

Grotowski termina seu artigo "Teatro das Fontes" com uma recordação pessoal do despertar – não através dos textos de

---

[42] Ibidem, p. 268.
[43] Ibidem.

outras tradições, mas de sua própria experiência. Um jovem ator poderia enxergar esse episódio como um espelho do processo de criatividade. Grotowski conta uma experiência rica e plena que se tornou uma jornada em direção ao começo: "Por que foi tão pleno? Talvez porque no momento antes de adormecer você não estivesse mentindo para si mesmo que sabia alguma coisa. Talvez porque você tenha perdido toda a esperança".[44] De acordo com um texto antigo, "feliz é aquele que se encontra no começo".

"*TU ES LE FILS DE QUELQU'UN* [VOCÊ É FILHO DE ALGUÉM]" (1989)

Na metade do Objective Drama Program, Grotowski conduziu um seminário de verão de dois meses na Toscana. Thomas Richards participou da oficina e a descreveu em seu livro, *Trabalhar com Grotowski sobre as Ações Físicas* [*At Work with Grotowski on Physical Actions*]. "Você é Filho de Alguém", um dos mais extraordinários textos de Grotowski, baseia-se em uma palestra realizada em Florença e trata de muitas das suas preocupações durante o verão de 1985. Grotowski deixara a Polônia vários anos antes e se encontrava misturado à cultura norte-americana, de consumismo e gratificação imediata. Todos querem apenas "diversão" e a palavra "trabalho" tornou-se uma maldição para os jovens na década de 1980. Como o velho Grotowski se situava naquele mundo maluco de *yuppies* e videoclipes? Ele o fez olhando para trás, abraçando o passado, os ancestrais.

À primeira vista, o texto de Grotowski ressoa como um manifesto político, quando defende sua relação com a arte, com a "atividade social através da cultura" e com a rebelião em si

---

[44] Ibidem, p. 270.

mesma: "Maus artistas *falam* sobre rebelião, mas verdadeiros artistas *fazem* a rebelião (...); arte como rebelião é criar um *fait accompli* [fato consumado], que alarga os limites impostos pela sociedade ou, em sistemas tirânicos, impostos pelo poder. Mas você não pode alargar os limites se não tiver credibilidade...".[45]

Grotowski repudia os diletantes, aqueles que não têm competência e precisão naquilo que escolhem fazer e nunca dominam seu ofício. Boas intenções não substituem o fazer algo bem feito. "A real rebelião na arte é persistente, competente, nunca diletante. Arte sempre foi um esforço para confrontar a si mesmo com a insuficiência e, por isso, a arte tem sido sempre complementar à realidade social."[46] Grotowski, em seguida, redefine o teatro como "todos os fenômenos em torno do teatro, a cultura inteira".[47] E aos críticos que insistem que o teatro é apenas o que acontece no palco, diante de uma plateia, com atores representando personagens concebidos por um dramaturgo? Grotowski continua demonstrando como a sua pesquisa expande as fronteiras do teatro e ainda continua válida para os praticantes mais convencionais de teatro.

Grotowski faz uma implacável análise do estado de improvisação no teatro. Ele faz uma lista dos clichês da improvisação em grupo: o encarnar de "selvagens" ou monstros, a imitação de transes, o formar de procissões, o consolar de uma vítima, o batucar no chão, a utilização de um comportamento pessoal cotidiano, etc. Em seguida, formula um princípio importante: "ao

---

[45] Jerzy Grotowski, "Tu es le Fils de Quelqu'un [You Are Someone's Son]". Versão inglesa revisada por Jerzy Grotowski e traduzida por James Slowiak (1989). In: Richard Schechner e Lisa Wolford (eds.), op. cit., p. 295.
[46] Ibidem, p. 296.
[47] Ibidem.

buscar a conexão, deve-se começar com a desconexão".[48] Em outras palavras, utilizar o espaço de maneira que seu parceiro tenha a possibilidade de criar. *Não perturbe o outro*. Quando os atores aprendem a habilidade de "estar em desconexão", estão naturalmente em harmonia, apenas vendo, escutando e reagindo. Não estão se impondo, impondo a própria inteligência ou a própria banalidade aos outros. Mas, para começar a trabalhar com a desconexão, uma determinada competência fundamental precisa ser conquistada no nível do movimento, voz e ritmo. Grotowski afirma que só assim o trabalho na improvisação pode ser frutífero, não irresponsável, e só assim, quando a mestria for alcançada, as verdadeiras questões do coração e do espírito se apresentam.

Nesse ponto do texto, Grotowski aparentemente muda de assunto. Repentinamente, adota a postura de um antropólogo – um antropólogo teatral, certamente, mas ainda assim um antropólogo. Descreve "a posição primária do corpo humano", encontrada em caçadores na África, na França, em Bengala e no México: coluna levemente inclinada, joelhos levemente curvados, o sacro encaixado. Com uma série de imagens evocativas, ele conecta essa posição *homo erectus* ao aspecto "reptiliano" dos seres humanos, a que os Tantras chamam de serpente adormecida na base da coluna; e que os cientistas nomeiam de cérebro reptiliano; e também é passível de observação no desenvolvimento do embrião. Descreve como essa posição leva a uma maneira específica e rítmica de caminhar, que serve para manter o caçador silencioso e invisível aos animais. Grotowski relaciona essa posição primária, conectada ao corpo antigo, como o que ele chama de "energia primária" e descreve sua busca por técnicas que permitam acessar tal

[48] Ibidem.

energia. Ele encontrou numerosos exemplos nas culturas tradicionais ao redor do mundo, mas descobriu que essas técnicas eram sofisticadas demais para serem facilmente aprendidas. No entanto, Grotowski percebeu que nas derivações das tradições, como no Haiti, por exemplo, certos instrumentos ou técnicas para acessar a energia primária eram mais simples e poderiam ser dominados artisticamente.

> TANTRAS – Uma coleção de escritos místicos hindus ou budistas associados à prática do tantrismo, uma série de rituais voluntários que podem incluir visualização de deidades, cantos e foco no corpo.

Grotowski chama esses instrumentos de *organons* (grego) ou *yantras* (sânscrito). Eles funcionam como instrumentos precisos, como o bisturi de um cirurgião ou a bússola de um navegador, e podem reconectar o atuante com as leis da natureza. A posição primária ("corpo reptiliano") e certas danças, como o *yanvalou* e cantos rituais de culturas tradicionais, servem como *organons* ou *yantras* no trabalho de Grotowski, que assevera que, quando executados com competência, esses instrumentos colocam o "atuante" em um estado de vigilância no qual instinto e consciência coexistem no mesmo instante. O atuante é, simultaneamente, totalmente animal e totalmente humano,

> (...) nas técnicas tradicionais verdadeiras e nas verdadeiras "artes cênicas", estes dois polos extremos acontecem ao mesmo tempo. Isso significa "estar no início", estar "em pé no início". O começo é toda a sua natureza original, presente aqui, agora. Sua natureza original com todos os seus aspectos: divino ou animal, instintual, passional.[49]

[49] Ibidem, p. 300.

Grotowski revela que é a tensão entre esses dois polos que leva à totalidade no atuante – cria o homem (*człowiek*). Define *człowiek* como a qualidade "conectada com o eixo vertical, o 'estar em pé'. Em certas línguas, para dizer-se homem, diz-se 'aquele que se levanta'".[50] A identificação de certos *organons* ou *yantras* performativos e o processo tedioso de aprendê-los e executá-los competentemente foi a base do trabalho de Grotowski no Objective Drama.

Ele enfatiza que os *yantras* não devem ser usados para criar espetáculos. Eles operam no desenvolvimento do indivíduo de forma potente e não podem ser manipulados sem distorções ou falsidade – são ferramentas precisas para a circulação da energia. Ele retoma o tema do diletantismo e os problemas da improvisação caótica *versus* aquilo que denomina improvisação harmônica, quando o ator se readapta constantemente à estrutura. Compara o ator moderno ao turista, sempre substituindo uma proposição por outra, nunca realizando nada, trabalhando "lateralmente", não verticalmente. Grotowski descreve o trabalho nos etnodramas (ver capítulo 4), no Objective Drama Program, e pontua como o indivíduo deve assumir a responsabilidade por construir, condensar e editar suas ações. Apresenta o arco da criação como algo que alterna sempre fases de crise e de organicidade, crise e organicidade – espontaneidade da vida seguida por absorção técnica.

Grotowski explica em seguida como trabalhar com o canto tradicional para buscar a energia primária, o aparecimento do canto, a herança de cada um e os laços humanos de cada um. Alude ao fato de que o ator pode empreender esse processo com qualquer material de qualidade, *Hamlet*, por exemplo. O relato de Grotowski sobre o processo de trabalho com os cantos

[50] Ibidem.

anuncia o trabalho que realizará com Thomas Richards nos próximos anos. Ele enumera as questões que devem ser pessoalmente enfocadas ao trabalhar, oferecendo uma espécie de mapa que se deveria seguir enquanto se procura o canto e seu primeiro cantor. Com o tempo, ele diz que você descobrirá que vem de algum lugar: "É você duzentos, trezentos, quatrocentos ou mil anos atrás, mas é você. Porque aquele que começou a cantar as primeiras palavras era filho de alguém, vinha de algum lugar, então, se você reencontrar isso, você será filho de alguém".[51]

Grotowski encerra a sua análise com a pergunta clássica do ator: sou eu ou é a personagem? "Mas se você é o filho daquele que primeiro cantou esta canção, sim, é isso que é o verdadeiro traço de caráter. Você vem de um certo tempo, de um certo lugar. Não se trata de interpretar o papel de alguém que você não é."[52] Neste extraordinário texto, Grotowski mune os atores com um guia, não com um método ou receita, mas com certos princípios a serem seguidos sobre como abordar o material da apresentação e conectá-lo com seu aspecto mais humano: como confrontar seus ancestrais, como improvisar, como trabalhar verticalmente. Uma vez que a questão da competência é respondida, "a questão sobre você – sobre o homem [*człowiek*]" apresenta-se por ela mesma. "Você é homem [*człowiek*]?"[53] Em seu próximo texto, "Performer", Grotowski oferece a resposta para a sua própria pergunta.

"PERFORMER" (1988)

Em março de 1987, em uma conferência de imprensa em Florença, para marcar a abertura do Workcenter of Grotowski

---

[51] Ibidem, p. 304.
[52] Ibidem.
[53] Ibidem, p. 305.

na Itália e sua conexão com o Centro Internacional Peter Brook para Criações Teatrais, em Paris, Brook fez uma pergunta a Grotowski: "Você pode esclarecer como e em que grau seu trabalho nas artes cênicas é inseparável de você ter à sua volta pessoas cuja real necessidade é uma evolução pessoal interior?".[54] Pouco depois, o Workcenter publicou uma brochura que incluía o texto de Brook, seguido por aquilo que se pode considerar como sendo a resposta de Grotowski: "Performer".

A gênese de "Performer" é muito interessante. O texto nasceu da primeira reunião pública acerca da nova fase de pesquisa de Grotowski, em fevereiro de 1987, em Pontedera. O crítico francês Georges Banu fez cuidadosas anotações dos comentários de Grotowski, que, depois, foram publicadas. Grotowski, em seguida, retrabalhou esse texto já publicado, conectando-se com a lembrança que tinha da sua própria fala, e incluiu uma longa citação/montagem de dois sermões de Mestre Eckhart. Todo esse processo simula o processo de transmissão oral de Grotowski: uma recordação na terceira pessoa é transformada por Grotowski em um texto em primeira pessoa. E, depois, Grotowski, como terceira pessoa em relação a Mestre Eckhart, faz citações na voz de Eckhart. Com sua edição do texto, constrói um discurso conciso acerca da transmissão, uma afirmação sobre o poder e a mutabilidade das palavras e, como Ferdinando Taviani aponta, sobre o que acontece *entre as palavras*.[55]

Ao entrar em sua última fase de trabalho, Grotowski se declara um professor, mas não de muitos, um professor do Performer. Ele enfatiza que o singular é importante. Ele trata, em

---

[54] Peter Brook, "Grotowski, Art as Vehicle" (1995). In: Richard Schechner e Lisa Wolford (eds.), op. cit., p. 384.

[55] Ferdinando Taviani, "In Memory of Ryszard Cieślak" (1992). In: Richard Schechner e Lisa Wolford (eds.), op. cit., p. 265.

seu texto, de casos raros de processo de aprendizagem. O texto começa com duas importantes definições:

1. Performer (com P maiúsculo) é um homem de ação; um estado do ser; um homem de conhecimento; um rebelde que deve conquistar o conhecimento; um *outsider*; um guerreiro; um *pontifex*, um fazedor de pontes, pontes entre a testemunha e algo mais.

2. Ritual é performance, uma ação realizada, um ato. Peças, apresentações, espetáculos são rituais degenerados; ritual é um tempo de grande intensidade; intensidade provocada; quando a vida torna-se ritmo. Ritual é a palavra que assombrava Grotowski desde o início de seu trabalho teatral. Em seus espetáculos, foi muitas vezes acusado de tentar criar novos ritos para a plateia. No Parateatro, críticos o atacaram por tentar criar um ritual público e, no Teatro das Fontes, por apropriar-se de rituais de culturas tradicionais. Em sua última fase de investigação, Artes Rituais ou Arte como Veículo, ele encontra a maneira de articular, em palavras e na prática, sua relação com ritual: ritual é ação e Performer é o atuante. Agora ele tenta criar um ritual para o atuante – para levar determinadas pessoas em direção à sua essência.

Essência, para Grotowski, nada tem a ver com comportamento social aprendido ou personalidade. Essência é "o não recebido de outrem, aquilo que não provém do exterior, aquilo que não se aprende".[56] Para melhor identificar a essência, Grotowski distingue entre a culpa por ferir o código moral da sociedade e o remorso por agir contrariamente à própria consciência.
O sentimento de remorso está ligado à sua essência, "é entre você e você mesmo, não entre você e a sociedade".[57] Como se conectar

---

[56] Jerzy Grotowski, "Performer" (1988). In: Richard Schechner e Lisa Wolford (eds.), op. cit., p. 377.
[57] Ibidem.

com a própria essência? Em certos jovens guerreiros no auge da potência de sua organicidade, a essência e o corpo fundem-se. Este é, porém, um estado temporário, associado à vitalidade da juventude. Grotowski está mais interessado em como passar do corpo-e-essência para o corpo de essência. Propõe essa tarefa da "transmutação pessoal" como um desafio necessário, com o qual cada um de nós se depara, e nos propõe uma questão-chave: qual é o seu processo?

Nesse ponto, a busca de Grotowski pela fonte chega a uma ideia muito antiga, a do mito de Er, de Platão. James Hillman, em seu livro *O Código da Alma*, descreve sucintamente a história:

> A alma de cada um de nós recebe um *daimon* individual antes de nascermos, e ele seleciona uma imagem ou modelo para vivermos na Terra. Este companheiro de alma, o *daimon*, nos guia até aqui; no processo de chegada, no entanto, esquecemos de tudo que aconteceu e acreditamos que chegamos vazios a este mundo. O *daimon* se recorda daquilo em que consiste a sua imagem e pertence ao seu modelo e, portanto, seu *daimon* é o portador do seu destino.[58]

Cada um de nós tem um destino ou processo e nossa missão é descobrir qual. Esse conceito tem muitos nomes e aparece ao longo dos séculos em diversas culturas. Hillman lamenta que esse antigo aspecto da psicologia esteja geralmente relegado ao limbo do paranormal, da mágica, da religião ou do oculto. Grotowski também reconheceu os perigos da relação de suas investigações com baboseiras espirituais (chamava-as de mambo-jambo), mas tanto Hillman quanto Grotowski concordam que o conceito de essência e processo, ou alma e destino, estão no cerne da existência saudável e precisam ser readmitidos no pensamento contemporâneo.

---

[58] James Hillman, *The Soul's Code*. New York, Random House, 1996, p. 8.

A maneira de Grotowski de salvar o "homem interior" (outro termo para essência) é através da performance – "Com o Performer, a performance pode se aproximar do processo."[59] – e através da relação entre o professor e o aprendiz. Descreve a jornada do Performer rumo ao corpo de essência e a necessidade de precisão e rigor, de mestria e simplicidade, e do olhar reflexivo do professor. Assim que o Performer tiver traçado o que Grotowski denomina "a junção Eu-Eu", o professor pode se retirar. Este Eu-Eu é uma presença silenciosa. E nos lembramos mais uma vez do parceiro seguro. Não é um olhar que separa ou julga. Desenvolver o Eu-Eu é trabalhar o processo.

Grotowski também fala da memória como de um possível ponto de partida para trabalhar o processo de cada um. "Um acesso para o caminho criativo consiste em descobrir em si mesmo uma corporalidade antiga, à qual você está ligado por uma forte relação ancestral. Então você não está nem na personagem nem na não personagem. Começando pelos detalhes, você pode descobrir em si mesmo uma outra pessoa – seu avô, sua mãe."[60]

Grotowski leva essa investigação por uma corporalidade antiga até o Performer do ritual primário – até o começo. Ele se pergunta: "A essência é o pano de fundo escondido da memória?".[61] Ele viajou do corpo-memória para o corpo-vida, para o corpo-e--essência, para chegar ao corpo de essência e voltar para a atualização da memória. Grotowski fala de uma revelação, de uma redescoberta. Mas ele encontrou exatamente a chave de quê? Quando a memória se atualiza, "fortes potencialidades são ativadas". Seria a chave para a criatividade?

---

[59] Jerzy Grotowski, "Performer" (1988). In: Richard Schechner e Lisa Wolford (eds.), op. cit., p. 377.
[60] Ibidem, p. 379.
[61] Ibidem.

Grotowski encerra "Performer" com uma citação de Mestre Eckhart sobre a revelação discutida anteriormente. A palavra revelação, em alemão *Durchbruch*, foi supostamente inventada pelo próprio místico Eckhart. A montagem que Grotowski cria descreve poeticamente um processo de transformação de energia e se conecta com a espiritualidade da criação de Eckhart, a qual privilegia o artista em nós e entre nós: "nesta revelação eu descubro que Eu e Deus somos um".[62] É interessante notar que Grotowski utiliza-se das palavras de um místico da Idade Média para concluir "Performer", um de seus textos mais pessoais e esotéricos. Não recorre a fontes indianas ou asiáticas, mas alinha seu trabalho com uma tradição extremamente europeia, que se conecta com o que ele denomina "berço mediterrâneo". Com "Performer", o próprio Grotowski retorna às suas origens.

RESUMO

Agora que revisitamos os principais textos de Grotowski, podemos enxergar claramente como as quatro noções de sacrifício, presença, totalidade e literalidade da ação evoluem ao longo de seu trabalho e pensamento. O sacrifício aparece, no início do trabalho com os espetáculos, como *via negativa*, no Parateatro como desarmamento e nas fases mais tardias de sua pesquisa como "desdomesticação". Esse aspecto de sacrifício também ressoa na dura ética de trabalho e nas exigências feitas por Grotowski aos escolhidos para acompanhá-lo em sua busca. A preocupação de Grotowski com a presença (o aqui e agora) pode ser demonstrada pelo trabalho dedicado a atenção, consciência, percepção,

---

[62] Meister Eckhart, *Breakthrough: Meister Eckhart's Creation Spirituality in New Translation/Introduction and Commentaries by Matthew Fox*. New York, Image Books, 1991, p. 302.

vigilância e pelo fato de privilegiar técnicas corporais mais do que metodologias psicológicas ou mentais. Totalidade é a meta – a fusão da mente e do corpo – e a conexão com a essência, que precede qualquer condicionamento social. E, finalmente, para que a ação seja verdadeira, é preciso que seja literal. O atuante deve buscar uma maneira de realizar suas ações sem simulação. Assim estará presente, pleno e fazendo o sacrifício supremo da revelação, da verdade e honestidade no que faz: será orgânico. Ao manter esses quatro conceitos no primeiro plano, podemos agora nos voltar para a discussão de Grotowski como diretor e para os três diferentes eventos performativos de sua obra.

3.

Grotowski
como diretor

Grotowski se situa, com Stanislavski, Meierhold e Brecht, como um dos quatro grandes encenadores do século XX. Mas, enquanto geralmente se aceita que Stanislavski transformou a atuação, Meierhold, a direção, e Brecht, a dramaturgia, a influência de Grotowski sobre a arte teatral não é tão imediatamente reconhecível. Uma análise mais detalhada do trabalho de Grotowski como diretor esclarecerá suas principais contribuições para o campo teatral.

GROTOWSKI NO ENSAIO

No Teatro dos Espetáculos, Grotowski sempre lidou com roteiros estabelecidos. Até mesmo em seu último espetáculo,

Apocalypsis cum Figuris, começou os ensaios como uma versão de uma peça convencional. Afirmou diversas vezes que não tinha método e abordou cada peça de forma diferente. Também não dirigia uma peça para ensinar lições ou fazer afirmações, mas para buscar o desconhecido e encontrar respostas para suas questões pessoais – as perguntas geralmente envolviam a busca do sentido na existência humana. Embora ele não tivesse receita para dirigir, é possível formular alguns dos princípios básicos, concernentes a arquétipos, equivalentes cênicos, improvisação e montagem, do trabalho teatral de Grotowski.

Arquétipos

Nos primórdios do Teatro dos Espetáculos, Grotowski de início tentava identificar e confrontar o arquétipo em cada texto que dirigia. Lembrando que o arquétipo, para Grotowski, é o mito em si mesmo e refere-se a situações humanas básicas no texto. Barba oferece alguns exemplos de arquétipos:

> Prometeu e o Cordeiro Sacrificial correspondem ao arquétipo do indivíduo sacrificado em prol da comunidade. Fausto e Einstein (na imaginação das massas) correspondem ao arquétipo do xamã que se rendeu ao diabo e em troca recebeu um conhecimento especial do universo.[1]

Em *Kordian,* Grotowski trabalhou com o arquétipo do herói que tenta salvar o mundo sozinho. Em *Akropolis,* o arquétipo é

---

[1] Eugenio Barba, "Theatre Laboratory 13 Rzedow" (1965). In: Richard Schechner e Lisa Wolford (eds.), *The Grotowski Sourcebook*. New York, Routledge, 2001, p. 74. Primeira impressão em *The Drama Review*, 9, 3, p. 153-71.

aquilo a que o dramaturgo se refere como "cemitério das tribos", o lugar onde a civilização ocidental atinge seu ápice.

Equivalentes Cênicos

Após identificar o arquétipo no texto, Grotowski e seus atores construíram o que Barba chama de "equivalentes cênicos".[2] Esses equivalentes cênicos (conhecidos também como *études*, esboços ou proposições) eram muitas vezes desenvolvidos diretamente a partir do texto. Mas os atores nunca ilustravam apenas a cena da peça. Em colaboração com Grotowski, alteravam livremente a forma de muitas maneiras.

Por exemplo, *Kordian* é uma peça sobre um jovem polonês do século XIX que quer libertar seu país do domínio russo. Tenta assassinar o czar, é internado em um manicômio, declarado são após algum tempo e executado. Ao analisar a peça, Grotowski considerou que, na sociedade atual, qualquer pessoa que tente salvar o mundo sozinha é insana ou infantil. Vislumbrava o manicômio como parte essencial da peça e, portanto, situou a peça em um hospital psiquiátrico. As várias cenas e personagens assumiram, na peça, a forma de alucinações de um louco. Na peça de Słowacki, Kordian faz o discurso patriótico em uma montanha, oferecendo a si mesmo em sacrifício, em nome da Polônia.
O Kordian de Grotowski entoou esse solilóquio enquanto o maldoso médico tirava sangue de seu braço.

Os equivalentes cênicos servem a dois propósitos. No primeiro, enquanto busca encarnar o mito, o ator pode se

---

[2] Eugenio Barba, *Land of Ashes and Diamonds: My Apprenticeship in Poland, followed by 26 letters from Jerzy Grotowski to Eugenio Barba.* Aberystwyth, Black Mountain Press, 1999, p. 39.

conectar com as "raízes" do mito e percebê-las enquanto leva em consideração a sua própria experiência. Se isso acontece, algo na máscara de vida do ator se racha e cai, revelando uma camada mais humana, profunda e íntima. Essa revelação, uma espécie de confissão, veio a ser conhecida como o ato total (ver capítulo 1).

Em seguida, nesse ato de exposição, o ator se revela como ser humano: "mesmo com a perda de um 'céu comum' de crenças e com a perda de limites inexpugnáveis, a percepção do ser humano permanece".[3] Nesse momento, o ator retorna da "situação mítica concreta para a experiência da verdade humana comum a todos".[4] Quando isso acontece, a apresentação, para Grotowski, se torna um ato de transgressão:

> Por que nos preocupamos com a arte? Para atravessar nossas fronteiras, ultrapassar nossas limitações, preencher nosso vazio, nos realizarmos. Esta não é uma condição, mas um processo em que o que é sombrio em nós mesmos lentamente se torna transparente. Nessa luta com a verdade de cada um, nesse esforço de arrancar a máscara vital, o teatro, com sua percepção totalmente carnal, sempre me pareceu um lugar de provocação. É capaz de desafiar a si mesmo e a plateia ao violar estereótipos amplamente aceitos de visão, sentimento e julgamento – de forma mais impressionante porque está retratado pela respiração do organismo humano, pelo corpo e pelos impulsos interiores. A provocação do tabu, da transgressão, provoca um impacto que rasga a máscara e nos leva a nos doarmos

---

[3] Jerzy Grotowski, *Towards a Poor Theatre*. New York, Routledge, 2002, p. 23. Primeira publicação: New York, Simon and Schuster, 1968.
[4] Ibidem.

inteiramente a algo que é impossível de se definir, mas que contém Eros e Caritas.[5]

Grotowski e Improvisação

Como os equivalentes cênicos passaram a existir? Em seu livro *Theatre Trip* [Jornada de Teatro], Michael Smith descreve o que observou em vários ensaios em Wroclaw, no fim da década de 1960. Grotowski sentiu que a versão de Smith dos eventos descrevia com precisão um aspecto do processo de ensaio no Teatro Laboratório. Ele sublinhou, no entanto, que havia outros ensaios, que nunca eram abertos para observação e que tocavam outras dimensões.

Michael Smith foi convidado a participar de um dos primeiros ensaios do que veio a ser *Apocalypsis cum Figuris*. Ele descreve a atmosfera de igreja, o silêncio e os sussurros. Grotowski, de óculos escuros, sentado em uma escrivaninha no canto, começou o ensaio lendo um fragmento de Dostoiévski acerca de bruxas para os doze atores. Os atores eram, então, orientados a se prepararem e retornarem algum tempo depois com os figurinos para começar a improvisação.

Usamos o termo "improvisação" com certa relutância. Grotowski o rejeitou em relação a seu trabalho por se associar a uma forma caótica e indisciplinada de trabalhar. Muitas vezes buscava outra palavra que a substituísse. (Em anos posteriores a palavra "rendering" [reconstrução/processamento/vir a ser] foi proposta, mas Grotowski nunca a aceitou. A palavra se tornou importante, entretanto, no processo de trabalho do New World Performance Laboratory.) Improvisação, no teatro de Grotowski,

[5] Ibidem, p. 21-22.

era uma atividade extremamente rigorosa, que exigia que ator e diretor se engajassem criativamente em um confronto pessoal com o centro do material trabalhado.

Durante a improvisação, Grotowski às vezes gritava "parem!" e os atores congelavam enquanto ele sussurrava ou gritava novas instruções ou os estimulava fisicamente. Em outros momentos, ele entrava na ação sem interrompê-la e posicionava fisicamente os atores no espaço. Os atores nunca cortavam o fluxo, ou paravam para fazer perguntas, ou se rendiam à confusão. Não falavam, mas cantarolavam, cantavam e vocalizavam com sons abstratos ou palavras inventadas. Às vezes, Grotowski participava da cacofonia, cantando ou rindo, e sacudia os braços para entusiasmá-los. Também era capaz de parar tudo e pedir a um ator que repetisse determinada ação.

Depois de uma longa e complicada improvisação, os atores escreviam tudo que lembravam ter feito (Figura 3.1). Dividiam as páginas de seus cadernos em duas colunas: uma para ações e outra para associações. Esse trabalho levava cerca de trinta minutos. Começavam então a discutir a improvisação entre eles. Grotowski escutava e olhava. No dia seguinte, começava o trabalho de reconstrução.

Grande parte do trabalho, nos ensaios, consistia em "reconstruir" improvisações. Quando a primeira improvisação estava pronta, os atores se responsabilizavam por lembrar dela em seus mínimos detalhes. Pequenos trechos da improvisação eram eventualmente isolados e trabalhados e, em seguida, recolocados. Outros fragmentos talvez fossem cortados ou se alterasse a ordem dos eventos.

O material para a apresentação era lentamente reunido. Junto com o diretor, os pontos essenciais eram identificados e repetidos muitas vezes. Tudo o que não era essencial era eliminado. A resposta exterior era partiturada e fixada como um signo através do qual flui o impulso. A montagem é criada e a partitura do ator é construída a partir do fluxo de impulsos vivos.

Figura 3.1 – Ludwik Flaszen, Zbigniew Cyncutis, Antoni Jahołkowski, Rena Mirecka, Jerzy Grotowski, Ryszard Cieślak, Maja Komorowska e Stanisław Scierski em Paris (1966). Fotografia de Andrzej Paluchiewicz.

Grotowski e a Montagem

Grotowski geralmente realizava uma adaptação inicial do roteiro da peça antes de os ensaios começarem. Chamava esse trabalho de roteiro de montagem textual. Quase sempre, os papéis dos atores e até mesmo a relação espacial do espetáculo já estavam definidos. Grotowski muitas vezes repreendia jovens diretores que tentavam desenvolver uma peça de teatro sem a estrutura prévia de um roteiro. Afirmava que apenas seu último espetáculo podia ser considerado uma criação coletiva, começada do zero, e enfatizou o quanto é possível aprender como diretor e como ator trabalhando dentro dos limites dos grandes textos dramáticos.

Quando trabalhava com um texto, Grotowski estruturava a montagem textual de maneira que um encontro pudesse acontecer, uma confrontação. Não buscava ilustrar o texto ou se identificar com ele. Eliminava qualquer coisa que não considerasse importante e selecionava as palavras de forma a que remetessem à sua experiência ou à dos atores. Podia até mudar a ordem das cenas ou rearranjar as frases, mas raramente acrescentava textos de outras fontes. Em *Akropolis*, porém, acrescentou alguns textos das cartas do dramaturgo Wyspiański e também uma análise do texto dramático. Ludwik Flaszen, ao escrever suas anotações iniciais sobre o espetáculo, afirmou que "de todas as peças que Grotowski dirigiu, *Akropolis* é a menos fiel ao texto original".[6] No entanto, em uma conversa pessoal, cerca de trinta anos depois, Flaszen afirmou que sentia que *Akropolis* era uma obra-prima no que dizia respeito à relação entre edição e fidelidade ao espírito original da obra.

Durante os ensaios, a montagem continuava a mudar, assumindo nova forma. Apesar das mudanças infligidas ao texto, Grotowski sentia que tratava o trabalho do dramaturgo com respeito e que mantinha "o sentido interior da peça".[7] Eric Bentley demonstra sua irritação com essa presunção. "Em suas anotações sobre *O Princípe Constante*, você se parabeniza por ter apreendido o 'sentido interior da peça'. Abaixe a bola. O sentido interior de uma obra-prima de três atos não pode ser traduzido em um ato de teatro-dança. Seu sentido é intrínseco à estrutura de três

---

[6] Ibidem, p. 61.
[7] Ludwik Flaszen em ibidem, p. 99.

atos: se fosse diferente, o próprio Calderón o teria reduzido a um ato – ele era mestre de um ato."⁸

Bentley enfatiza seu ponto de vista e diz ainda que Grotowski realizou com sua montagem uma peça de sua autoria, e não de Calderón. Grotowski recriou textos dramáticos para condizerem com o seu "aqui e agora". As obras (principalmente *Akropolis*, *Doutor Fausto* e *O Príncipe Constante*) tornaram-se parâmetros orgânicos para que um grupo particular de atores, que vivia na Polônia em um momento particular na história do país, confrontasse questões de suas próprias vidas. Isso não é novo no teatro. Mesmo Shakespeare fez isso o tempo todo.

> O princípio é o seguinte – é muito claro se se compreende a situação criativa do ator: pede-se aos atores que fazem o papel do Hamlet para recriarem seus próprios Hamlets, ou seja, fazerem a mesma coisa que Shakespeare fez com o Hamlet tradicional (...). Todo grande criador constrói pontes entre o passado e ele mesmo, entre suas raízes e seu ser. Esse é o único sentido em que o artista é um sacerdote: *pontifex*, em latim, aquele que constrói pontes (...). É o mesmo com a criatividade do ator. Ele não pode ilustrar Hamlet, precisa encontrar Hamlet. O ator precisa dar a deixa no contexto de sua própria experiência, e o mesmo acontece com o diretor. Eu não fiz a *Akropolis*, de Wyspiański, eu fui ao encontro dela. Não pensei nem analisei Auschwitz de fora – isso reside em mim, e é algo que eu não conhecia diretamente, mas indiretamente conhecia muito bem.⁹

---

⁸ Eric Bentley, "An Open Letter to Grotowski" (1969). In: Richard Schechner e Lisa Wolford (eds.), op. cit., p. 169.
⁹ Grotowski citado em Rebecca Schneider e Grabielle Cody, *Re-Direction: A Theoretical and Practical Guide*. New York, Routledge, 2001, p. 245.

O que Grotowski descreve aqui é um aspecto do que alguns críticos nomearam como dialética de apoteose e derisão, princípio referencial ao longo da fase do Teatro dos Espetáculos. Ele é também conhecido como "colisão com as raízes" ou "religião expressa através da blasfêmia", "amor expresso através do ódio".[10] Criado a partir dos trabalhos de Marx e Hegel e fortemente influenciado por seu fascínio pessoal pela filosofia asiática, Grotowski possuía uma inclinação natural para a estrutura dialética em seu trabalho, o que significa que muitas vezes examinava ideias tentando reconciliar os argumentos opostos. Na prática da companhia, o princípio veio a ser conhecido como *conjunctio-oppositorum,* e essa conjunção de opostos veio, com o tempo, inserir-se em todos os aspectos do treinamento da companhia e do trabalho com os espetáculos.

> GEORG WILHELM FRIEDRICH HEGEL (1770-1831) – Filósofo alemão, autor do famoso conceito da dialética, que pode ser resumido em três fases: tese (por exemplo, a Revolução Francesa), antítese (o reinado de terror que a sucedeu) e síntese (uma democracia constitucional).

> KARL MARX (1818-1883) – Filósofo alemão e economista político cujos escritos, principalmente *O Manifesto Comunista* (1847-1848), tiveram bastante influência na política, filosofia e teoria econômica do século XX.

CONJUNCTIO-OPPOSITORUM

Conjunctio-oppositorum é um termo utilizado por Grotowski para ilustrar a dialética básica entre o rigor e a vida no trabalho

---

[10] Grotowski, citado em Richard Schechner e Lisa Wolford (eds.), op. cit., p. 22.

de um ator. Por um lado, Grotowski buscava sempre impulsos espontâneos para libertar o caminho de acesso ao centro interior a partir do qual a grande atuação vem à tona (*hic et nunc*), enquanto, ao mesmo tempo, exigia a estrutura mais precisa possível.

Ao lidar com o mistério do "tempo" no teatro, os atores encontram dificuldade em estar no "agora" transitório. Atores se encontram no dilema de tentar escapar da persistente questão: "E agora?". Para se libertar dessa enfadonha questão, Grotowski sempre demandou do ator uma estrutura ou uma partitura muito clara de ações. Precisão e organicidade formam os dois polos opostos da conjunção paradoxal de Grotowski.

Ele sempre colocava a precisão no "artificial". Utilizava a palavra artificial em seu sentido mais positivo, significando uma estrutura de detalhes formais e signos. E aí ele contrastava essa estrutura (artificialidade) com a organicidade dos impulsos em que esses signos e detalhes emergiam. Em momentos diferentes na sua vida criativa, Grotowski revisitava essa dialética. Ele a encontrava na conjunção básica da palavra *hatha* (na hatha yoga) – em que a energia da Lua (*ha*) e a energia do Sol (*tha*) estão em equilíbrio completo. Também encontrou essa conjunção de opostos ao observar o processo artificial dos atores na Ópera de Pequim, onde o processo orgânico é integrado através de pequenas pausas nas partituras centenárias de diferentes personagens. Por outro lado, ele observava também o fenômeno em cerimônias da tradição Vodu em que a aparente espontaneidade do "possuído" é apoiada por uma estrutura ritual clara e bem estabelecida e pelos lúcidos fazeres de cada *loa* (ou espírito) do panteão afro-caribenho. A dialética entre o rigor e a vida está no cerne do princípio do *conjunctio-oppositorum* e permeia todo o trabalho de Grotowski como diretor – dentro e fora do teatro.

Outros Aspectos da Montagem

A montagem não remete, porém, apenas ao trabalho de edição textual. Ela também funciona de outra forma no trabalho de Grotowski. O termo montagem pode ser encontrado no diretor de cinema russo Sergei Eisenstein (1898-1948). Para Eisenstein, montagem se refere ao fluxo de imagens agrupadas para criar uma totalidade compreensível. Essas imagens podem se mover rapidamente e parecer desconectadas, mas, quando assistidas na sequência, levam o espectador a compreender a história ou tema. Montagem, usado nesse sentido, permaneceu um conceito importante para Grotowski ao longo do último período de sua obra, *Arte como Veículo ou Artes Rituais*.

Em seu artigo "Da Companhia Teatral à Arte como Veículo", Grotowski discute a sede da montagem e faz a distinção entre a sede da montagem na percepção do espectador e no atuante.[11] Para estabelecer seu ponto de vista, ele oferece um exemplo de *O Príncipe Constante* em que Ryszard Cieślak, no papel principal, desenvolveu uma partitura de ação baseada na memória sensual, numa experiência erótica de sua juventude.

> O momento ao qual me refiro foi, portanto, imune a toda conotação sombria, como se este adolescente em recordação se libertasse com seu corpo do corpo em si, como se ele libertasse a si mesmo – passo a passo – do peso do corpo, de qualquer aspecto doloroso. E no rio da memória, em seus mais diminutos impulsos e ações, ele insere os monólogos de *O Príncipe Constante*.[12]

---

[11] Jerzy Grotowski, "From the Theatre Company to Art as a Vehicle" (1995). In: Thomas Richards, *At Work with Grotowski on Physical Actions*. London, Routledge, 1995, p. 124.

[12] Ibidem, p. 123.

No entanto, enquanto Cieślak estava engajado em se lembrar de sua "prece carnal" tudo que o cercava, a *mise-en-scène*, era organizado para fazer o espectador compreender a história do mártir que sofre torturas inomináveis por suas crenças. O conteúdo da peça de Calderón e Słowacki, a estrutura e lógica do texto escrito, os elementos narrativos em torno e em relação ao que Cieślak estava fazendo (principalmente as ações de outros atores) – tudo sugeria ao espectador que a história de um mártir estava sendo representada diante deles. A história da peça apareceu na percepção do espectador. Os atores estavam fazendo outra coisa. Essencialmente, Grotowski estava dirigindo dois grupos.

> Fazer a montagem na percepção do espectador é tarefa do diretor e um dos elementos mais importantes do seu ofício. Como diretor de O *Príncipe Constante*, eu trabalhei de forma premeditada para criar este tipo de montagem, de maneira que a maioria dos espectadores capturasse a mesma montagem: a história de um mártir, um prisioneiro cercado por seus perseguidores que pretendem destruí-lo e que, ao mesmo tempo, estão fascinados por ele, etc. Tudo isso foi concebido de forma quase matemática, de maneira que esta montagem funcionava e realizava-se na percepção do espectador.[13]

O Princípio da Não Personagem

Grotowski acreditava que, já que os seres humanos representam tantos papéis em suas vidas cotidianas, o teatro deveria ser um lugar em que o ator não interpretasse um papel, e sim almejasse um eu mais autêntico. Esse princípio foi revolucionário. Ao trabalhar com os atores do Teatro Laboratório, Grotowski

---

[13] Ibidem, p. 124.

muitas vezes os orientava a não representar "personagens". Cada apresentação era um desafio para os atores se despirem de suas próprias máscaras, se desvelarem e demonstrarem a verdade. Eles foram capazes de fazer isso através da proteção fornecida pela *mise-en-scène*. Eles estavam representando a si mesmos, mas através da *mise-en-scène*, e a plateia os compreendeu como personagens. A plateia entendia uma coisa, mas os atores estavam de fato fazendo outra. Talvez seja mais fácil compreender esse princípio com a descrição do trabalho de Grotowski com Ryszard Cieślak em O *Príncipe Constante*.

GROTOWSKI E O ATOR

Na criação do papel de Cieślak em O *Príncipe Constante* (Figura 3.2), a importância de Grotowski não pode ser subestimada. Quando Cieślak chegou para trabalhar, o grupo estava repleto de bloqueios psicológicos, físicos e vocais. A libertação de Cieślak só foi possível porque foi conquistada junto com o próprio Grotowski. Pode-se afirmar que os dois, ator e diretor, se libertaram. Em uma entrevista de 1975, Grotowski falou francamente, embora de forma oblíqua, acerca desse período de sua vida. Apresenta-o como uma transição de alguém que depende da dominação para provar sua existência para alguém capaz de abrir-se a outro ser humano.

> JG: Muito provavelmente o problema central de minha não existência era que eu sentia uma falta de relação com os outros, porque nenhuma relação que eu tive era completamente real. E quanto mais dominação havia do meu lado, mais irreal se tornava.
>
> AB: Você tinha medo das pessoas?
>
> JG: Sim.

AB: Você tinha medo das pessoas, não as amava ou não amava a si mesmo?

JG: Eu as amava tanto que às vezes parecia que eu morreria – de desespero. Ao mesmo tempo, não as amava e tinha medo. Ocasionalmente, havia agressão: já que você não me ama, eu o odiarei. Quero enfatizar que esse trismo já havia passado antes da saciação com a opinião pública e o prestígio. Eu já ouvi dizer que o prestígio me subjugou e a alternativa é atraente, mas não foi o caso. As relações humanas trouxeram a mudança. O que parecia ser interesse pela arte da atuação provou ser a busca e a descoberta da parceria (o trismo se desvaneceu quando fui capaz de compreender isso) com Alguém, outro alguém – alguém que, no momento da ação, no momento do trabalho, defini com palavras utilizadas para definir Deus. Naquele momento, isso significou para mim o filho do homem. Tudo se transformara, se tornara dramático e doloroso e ainda havia algo de natureza predatória. Mas já era algo muito diferente. E, então, desapareceu.[14]

A honestidade de Grotowski aqui é impressionante. No trabalho com Cieślak, ele atingiu um marco extraordinário, uma espécie de simbiose com outro ser humano. O mote ao qual previamente se refere, a questão "quem sou eu?", e os temas da solidão humana e da inevitabilidade da morte são colocados em prática, são encarnados no relacionamento diretor-ator forjado com Cieślak. Grotowski afirma que a conexão deles estava "além de todos os limites da técnica, da filosofia ou de hábitos ordinários".[15] Muitos diziam que era difícil falar a respeito de um

---

[14] "Conversation with Grotowski". Entrevista com Andrzej Bonarski. In: Jennifer Kumiega, *The Theatre of Grotowski*. London/New York, Methuen, p. 219-20.

[15] Citado em Thomas Richards, op. cit., p. 16.

deles sem mencionar o outro. Quem se apresentava era Cieślak-Grotowski, e não apenas Cieślak. O próprio Grotowski dizia que não eram dois seres humanos trabalhando, e sim um ser humano duplo.[16] Acreditamos que a essência do teatro de Grotowski não se encontra na relação ator-espectador ou na dramaturgia, como muitos supõem, nem na *mise-en-scène* – está na relação entre o ator e o diretor, que encontrou a sua primeira conquista no trabalho de O *Príncipe Constante*. Na segurança e privacidade do ensaio, Grotowski percebeu que o encontro real pode acontecer entre duas pessoas, e essa descoberta formou a base para todo o seu trabalho futuro dentro e fora do teatro.

Durante a preparação de O *Príncipe Constante*, Grotowski e Cieślak trabalharam solitariamente durante muitos meses, sem a presença do resto da companhia, construindo com meticulosidade a partitura física, enquanto Cieślak "re-lembrava" seu êxtase de adolescente. O texto foi trabalhado separadamente. Primeiro Cieślak memorizava-o precisamente, de maneira que pudesse começar em qualquer ponto sem errar. Grotowski aparecia no quarto de Cieślak no meio da noite, acordava-o e o fazia recitar palavra por palavra do texto dramatúrgico. Assim que o texto estivesse bem memorizado, era relacionado com a partitura física. Quando esta ficasse claramente delineada, era colocada em relação com o trabalho dos outros atores. O resultado desse processo criativo singular foi uma apresentação aclamada em todo o mundo e a proclamação de um novo método de atuação. Mas qualquer tentativa de imitar a criação de Grotowski-Cieślak falhou de forma lastimável. O fato de copiar o externo da apresentação e ignorar o aspecto essencial do fenômeno, a relação ator-diretor, muitas vezes levou a interpretações grotescas do chamado novo método de Grotowski, pois não se percebia o princípio subjacente a seu trabalho.

[16] Ibidem.

Figura 3.2 – Ryszard Cieślak em O *Príncipe Constante* (1966). Fotógrafo desconhecido, cortesia do Arquivo do Instituto Grotowski, Wroclaw.

> Há algo de incomparavelmente íntimo e produtivo no trabalho com um ator que foi confiado a mim. Ele deve ser atento, confiante e livre, já que nosso trabalho é explorar suas possibilidades ao extremo. Seu crescimento é nutrido por observação, assombro e um desejo de ajudar; meu crescimento é projetado nele, ou melhor, *encontrado nele* – e o nosso crescimento comum torna-se uma revelação. Essa não é instrução de um aluno, mas a abertura plena para outra pessoa, em que se torna possível o fenômeno de "nascimento compartilhado ou duplo". O ator renasce, não apenas como ator, mas como homem, e eu renasço com ele. É uma maneira desajeitada de expressar, mas o que se conquista é a total aceitação de um ser humano por outro.[17]

O que Grotowski descreve é uma forma de sublimação do eu. Em muitas ocasiões, esse aspecto de falta de ego é deixado de lado quando se discute o teatro de Grotowski. Alguns estudiosos, como Timothy Wiles em *The Theater Event: Modern Theories of Performance* [O Evento do Teatro: Teorias Modernas da Performance], criticaram a *via negativa* ao indagarem: "O que o ator faz quando todos os bloqueios foram eliminados?". Grotowski riu após ler um artigo como esse. "Estar vazio é exatamente o objetivo", diz. Como é que alguém se liberta do ego? Ao atingir o ponto do vazio, o Vazio. Barba estabelece a conexão entre esse aspecto crucial do trabalho de Grotowski e a doutrina hindu de *Sunyata*:

> *Sunyata*, o Vazio, não é o nada. É a não dualidade, em que o objeto não difere do sujeito. O eu e a crença no eu são as causas do erro e da dor. A maneira de escapar do erro e da dor é eliminando o eu. Esta é a Sabedoria Perfeita, a

---

[17] Jerzy Grotowski, *Towards a Poor Theatre*, p. 25.

iluminação que pode ser atingida pela *via negativa*, negando categorias mundanas e fenômenos, até o ponto de negar o eu e, ao fazer isso, acessar o Vazio.[18]

Uma das melhores descrições da atuação de Cieślak é de Stefan Brecht, que escreveu de modo brilhante, mas muitas vezes crítico, sobre a turnê nova-iorquina do Teatro Laboratório em 1969. Ele retrata Cieślak como uma ilustração da *via negativa*, como um vaso vazio por meio do qual os "estados de espírito emocionais e volitivos" são expressos. "O ator grotowskiano atualiza o espírito para nós ao difundir o ego através do seu corpo. Por pior que seja sua nuance, essa abordagem é uma revolução teatral. Opõe-se ao ego-teatro."[19] Esse "teatro sem ego" parece até mais revolucionário hoje do que o era quarenta anos atrás. Como jovens atores rapidamente ingressando na Broadway ou na orgia hollywoodiana do culto à personalidade que o *show business* engendra, o teatro de hoje se movimenta cada vez mais longe de sua fundação espiritual. Grotowski, entretanto, oferece outra possibilidade, ao assumir que as fronteiras do ego podem ser transcendidas (ou dissolvidas), e realizou isso, pela primeira vez, no seu trabalho com Ryszard Cieślak.

Ryszard Cieślak

Muitos consideram Cieślak o melhor ator de sua geração. Qualquer pessoa que tenha testemunhado o seu trabalho em *O Príncipe Constante* jamais o esqueceu. Representou o papel

---

[18] Eugenio Barba, *Land of Ashes and Diamonds: My Apprenticeship in Poland, followed by 26 letters from Jerzy Grotowski to Eugenio Barba*, p. 49.
[19] Stefan Brecht, "The Laboratory Theatre in New York, 1969: A Set of Critiques" (1970). In: Richard Schechner e Lisa Wolford (eds.), op. cit., p. 128. Primeira impressão no *The Drama Review*, 14, 2, p. 178-211.

principal no último espetáculo de Grotowski, considerado sua obra-prima, *Apocalypsis cum Figuris*, e foi um colaborador importante no período de pesquisa do Parateatro. Após a dissolução do Teatro Laboratório, em 1984, Cieślak conduziu oficinas e dirigiu espetáculos com vários grupos em todo o mundo, mas nunca mais alcançou o nível do seu trabalho em *O Príncipe Constante*. No entanto, na década de 1980, quando surgiu no palco e no filme como Dhritarastra, o rei cego, na produção épica de *O Mahabarata*, de Peter Brook, Cieślak demonstrou sua habilidade como um veterano samurai que jamais esquece as nuances da batalha. Anos depois, em 1990, ao falar na "Homenagem a Ryszard Cieślak", em Paris, após sua morte devido a um câncer pulmonar, Grotowski se referiu mais uma vez ao que realizaram juntos:

> Podemos afirmar que eu exigi tudo dele, uma coragem, de certa maneira, desumana, mas nunca pedi que ele produzisse um efeito. Ele precisava de mais cinco meses? Tudo bem. Mais dez meses? Tudo bem. Mais quinze meses? Tudo bem. Trabalhávamos lentamente. E, depois dessa simbiose, ele tinha uma espécie de segurança total no trabalho, não tinha medo, e vimos que tudo era possível porque não havia medo.[20]

Tudo era possível. Em retrospectiva, especula-se sobre a dinâmica de poder entre Grotowski e Cieślak e as repercussões de sua intimidade no resto do grupo. É claro que o ciúme despontou e diferenças mesquinhas surgiram, mas eram sempre deixados do lado de fora do espaço de trabalho. Grotowski sabia como esvaziar situações potencialmente explosivas e os atores confiavam plenamente nele. Nunca aderiu ao conceito romântico de "grupo" tantas vezes associado ao teatro experimental das décadas de 1960 e 1970. Preferia a palavra "equipe" (Figura 3.3), onde cada

---

[20] Citado em Thomas Richards, op. cit., p. 16.

integrante conhecia seu próprio trabalho e podia desempenhá-lo de forma impecável. Fazia com que sua equipe acreditasse que tudo era possível e, a partir desse limiar de possibilidades, Grotowski liderou seus atores para o mais alto píncaro do seu talento e, com o tempo, para além das fronteiras do teatro.

Figura 3.3 – Ryszard Cieślak e Rena Mirecka na terceira versão de *Apocalypsis cum Figuris*; no chão, Zbigniew Cynkutis (1973). Fotografia de Piotr Baracz.

ANÁLISE DE UM ESPETÁCULO ESSENCIAL: *AKROPOLIS*

Como exemplo do trabalho de Grotowski como diretor de espetáculos teatrais, selecionamos *Akropolis*. Quando Grotowski começou a trabalhar em *Akropolis,* em 1962, sabia que precisava de um "sucesso". Diferentemente dos trabalhos prévios do Teatro Laboratório, o espetáculo foi construído para ilustrar o trabalho que estava sendo feito em Opole e para conseguir atenção internacional. Funcionou. *Akropolis* foi aclamada e apresentada no mundo todo por aproximadamente oito anos. É inquestionavelmente o espetáculo mais associado com Grotowski e seu teatro e o único facilmente disponível em vídeo. Com certeza, Grotowski contribuiu para a edição do documento em vídeo, o qual mostra muitos dos princípios do Teatro dos Espetáculos. Além disso, o renomado Grupo Wooster revisitou *Akropolis* recentemente, em um trabalho intitulado *Teatro Pobre*, um simulacro em homenagem ao domínio técnico e ao impacto emocional da realização do Teatro Laboratório polonês, além de um testemunho de sua continuada importância na história do teatro.

> WOOSTER GROUP – Grupo de Teatro de vanguarda com sede em Nova York, sob a direção de Elizabeth Lecompte (n. 1944). Funciona desde 1975. Entre seus membros fundadores estão William Dafoe (n. 1955) e Spalding Gray (1941-2004).

GROTOWSKI E A PEÇA

Akropolis, de Stanisław Wyspiański, é uma peça clássica polonesa, publicada primeiramente em 1904 e encenada em 1926. Sua forma e estilo cabem seguramente na tradição romântica polonesa como afirmação altamente poética, religiosa e política da nação polonesa. Na catedral em Cracóvia, onde muitos reis, poetas e heróis poloneses estão enterrados, há várias tapeçarias do século XVI que mostram cenas mitológicas e bíblicas. A peça espelha a crença popular segundo a qual, na véspera da ressurreição de Cristo, as personagens dessas tapeçarias ganham vida. Wyspiański esperava mostrar a soma total das contribuições da civilização ocidental para a humanidade e justapô-las à experiência polonesa. Chamava a catedral polonesa de cemitério das tribos, "nossa acrópole", e suas personagens reviviam momentos essenciais do berço da história cultural do Mediterrâneo, heroicamente celebrando a conquista humana. Para Wyspiański, "acrópole" é o símbolo da mais alta conquista de qualquer civilização.

Grotowski, ao decidir montar *Akropolis*, fez a si mesmo uma única pergunta: o que é o cemitério das tribos para nós, atualmente, na Polônia de 1962? O que é a nossa acrópole, o símbolo da mais alta conquista de nossa geração? Aplicando sua dialética de apoteose e derisão, Grotowski, cruel e ironicamente, centra o drama do poeta na mais horrível invenção do século XX, o campo de concentração, lugar em que os valores humanos atingiram tanto seu mais baixo quanto seu mais alto nível.

Outra fonte de inspiração para o espetáculo foram as palavras do poeta polonês Tadeusz Borowski, sobrevivente do campo de concentração de Auschwitz: "São apenas restos de sucata de ferro que serão deixados depois de nós / E uma risada sarcástica e oca das gerações futuras".[21]

Armado com essa estrutura de pensamento e com a colaboração do eminente *designer* polonês e sobrevivente de Auschwitz, Josef Szajna (1922-2008), Grotowski quis trazer a verdade brutal do campo de concentração para o palco.

Na apresentação de vídeo de *Akropolis*, Peter Brook se refere ao concurso internacional realizado com a meta de encontrar uma obra de arte que simbolizasse a tragédia dos campos de concentração: concluiu-se que nada fazia justiça ao horror dos campos, exceto os próprios campos. As autoridades mantiveram o campo de concentração em Auschwitz intacto como lembrança para futuras gerações de um momento terrível na história da

---

[21] Citado em Jennifer Kumiega, op. cit., p. 60.

humanidade. Brook, em seguida, discute os problemas de encenar o terror do campo de concentração e menciona a peça de Peter Weiss, *A Investigação*, que aborda o trabalho com os eventos de forma documental. Grotowski e seus atores encontraram outra maneira. Brook afirma que o espetáculo de Grotowski atualizou mais uma vez a essência do campo de concentração no tempo e no espaço do teatro. Grotowski foi muito cuidadoso ao abordar o material, sem qualquer tipo de sentimentalismo. Era um retrato impiedoso e os prisioneiros não seriam glorificados e não chafurdariam em uma sopa emocional. Mas como fariam isso?

O Espaço

Ao conceber a relação ator-espectador, decidiu-se que não haveria participação direta da plateia. Grotowski escalou os dois grupos, atores e espectadores, para dois papéis precisos: os atores seriam os mortos e os espectadores, os vivos. Os atores, como presos ressurgentes do campo de concentração, atuam na proximidade dos espectadores, e sua presença dá "a impressão de que nasceram do sonho dos que vivem".[22] Os mortos se apresentam para os vivos e os espectadores testemunham (ou sonham) o pesadelo da humanidade.

O espaço designado para *Akropolis* consiste de uma enorme caixa colocada no meio de uma sala, sobre a qual está empilhada uma variedade de sucatas (Figura 3.4). Fornos de diversos tamanhos, dois carrinhos de mão, uma banheira, martelos e pregos serão usados pelos atores para construir o próprio crematório, pendurando esses elementos enferrujados em fios de aço ou

---

[22] Ludwik Flaszen, "Akropolis: Treatment of Text" (1965). Trad. Simone Sanzenbach. In: Jerzy Grotowski, *Towards a Poor Theatre*, p. 63.

martelando no chão, em apresentação de uma hora. Movimentos altamente rítmicos da atividade de construção entrelaçam-se com períodos de "devaneio", em que os prisioneiros mostram suas próprias versões de histórias bíblicas e mitos da peça de Wyspiański.

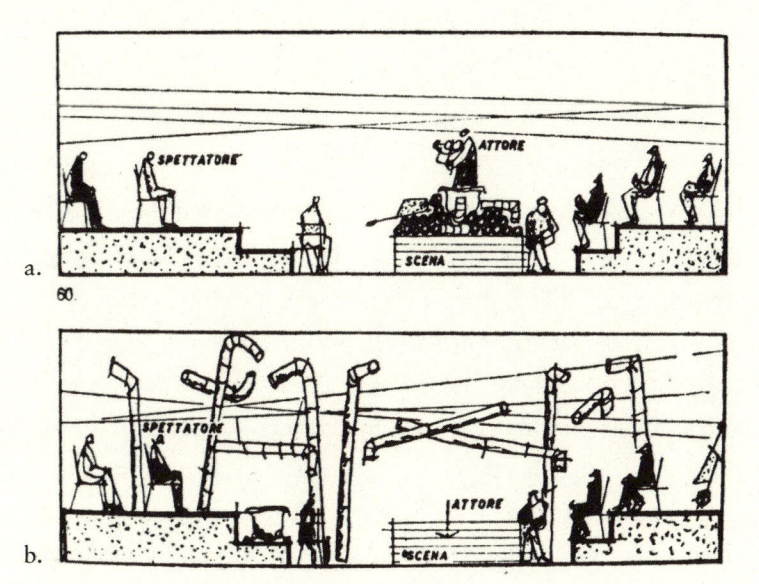

Figura 3.4 – O espaço de *Akropolis* (1962). Design: Jerzy Gurawski.
a. A sala no começo do espetáculo.
b. A sala no fim do espetáculo.

Grotowski toca aqui a experiência dos prisioneiros que criam sua própria realidade quando sob pressão da violência e do encarceramento. Os prisioneiros são seus próprios torturadores, traindo-se e lutando por um momento de trégua ou beleza, enquanto constroem a fantástica e cruel comunidade – uma comunidade que se torna mais real do que qualquer ilusão teatral.

> Grotowski criou *Akropolis* com seus atores em Opole, a cerca de 60 milhas de Auschwitz, um dos mais notórios campos de extermínio. A proximidade do campo teve pesada influência no trabalho da companhia. Grotowski lutou contra qualquer tipo de concessão teatral. Em uma entrevista de 1968, disse:

"Não queremos um espetáculo estereotipado, com cruéis homens da SS e nobres prisioneiros. Não representamos prisioneiros, não podemos criar tais imagens no teatro. Qualquer documentário é mais forte. Buscamos outra coisa (...), nenhuma ilusão realista, nenhum figurino de prisioneiro".[23]

Os Figurinos e Adereços

Josef Szajna criou os figurinos e adereços para a peça, e o habitual colaborador de Grotowski, Jerzy Gurawski, supervisionou a arquitetura cênica. Os figurinos consistiam de velhos sacos de batata, nos quais se fizeram buracos, depois preenchidos com tecido, para sugerir pele rasgada. Os atores usavam sapatos com pesadas solas de madeira e boinas escuras. Eugenio Barba, que foi diretor assistente em *Akropolis*, descreve ter visto Szajna cortar os sacos de batata e costurar cada peça de roupa à mão, "com as mangas arregaçadas sobre a sua tatuagem de Auschwitz".[24] Szajna criou uma versão poética do uniforme do campo de concentração, que apagou todas as indicações exteriores de gênero, idade e classe social – reinava o anonimato. O espectador enxergava apenas os corpos torturados de uma comunidade de mortos.

É em suas anotações para *Akropolis* que Ludwik Flaszen primeiramente desenvolve sua definição de teatro pobre: "É completamente proibido introduzir na peça qualquer coisa que não estivesse lá desde o princípio".[25] Dada essa regra, cada objeto no palco encontra diversos usos ao longo da apresentação. Por

---

[23] Citado em Jennifer Kumiega, op. cit., p. 63.
[24] Eugenio Barba, *Land of Ashes and Diamonds: My Apprenticeship in Poland, followed by 26 letters from Jerzy Grotowski to Eugenio Barba*, p. 34.
[25] Ludwik Flaszen, "Akropolis: Treatment of Text" (1965). Trad. Simone Sanzenbach. In: Jerzy Grotowski, *Towards a Poor Theatre*, p. 75.

exemplo, uma banheira muito normal representa as banheiras usadas nos campos de concentração para ferver os corpos humanos, transformando-os em sabonete e couro processado. Virado de cabeça para baixo, o mesmo objeto transforma-se em um altar, onde os prisioneiros rezam; em outro momento, torna-se o leito nupcial do herói bíblico Jacó. Os carrinhos de mão são usados para o transporte de corpos, mas também se tornam asas angelicais na luta de Jacó com um anjo ou o trono do rei de Troia na história de Páris e Helena.

Em um momento brilhantemente grotesco, Jacó transforma uma chaminé em sua noiva, Rachel, e a leva em alegre procissão pelo apertado espaço. A cena é particularmente interessante porque, na primeira versão, Rachel era representada pela atriz Maja Komorowska. Quando a atriz deixou a companhia, a chaminé substituiu-a nesse momento crucial da peça. Eis um ótimo exemplo da habilidade de Grotowski para transformar o infortúnio em um momento mágico. Em sua sala de ensaio, nunca havia problemas, apenas soluções criativas.

Em *Akropolis*, os atores criam uma miríade de mundos com um pequeno número de objetos comuns. O resultado às vezes lembra crianças brincando inocentemente, e isso produz uma grotesca justaposição com a crua brutalidade do campo de concentração.

A Máscara Facial

Nos primeiros ensaios, Grotowski percebeu que alguns dos atores facilmente deslizavam para uma atitude emocional ao serem confrontados com o material relativo ao campo de concentração e criou um treinamento especial para o grupo. No ensaio de Rainer Maria Rilke sobre o escultor Rodin, ele descreve a habilidade do artista em ler o passado e o futuro de uma pessoa a partir das rugas de sua face. Grotowski tomou a sugestão literalmente e começou a pedir para os atores recriarem as máscaras faciais dos verdadeiros internos dos campos de concentração, baseando-se em fotografias. Grotowski os orientou a selecionarem e congelarem olhares sarcásticos, carrancas e outras expressões, e buscava aquelas que mais se conectassem à personalidade de cada ator e a suas reações típicas.

> RAINER MARIA RILKE (1875-1926) – Muitas vezes considerado o maior poeta alemão do século XX. Suas coletâneas incluem *Elegias de Duíno* (1912/1922) e *Sonetos para Orfeu* (1922).

Grotowski entendeu que a máscara humana é muitas vezes formada pelos pensamentos habituais e intenções de vida. Se alguém constantemente repete "Todos estão contra mim" ou "Nunca vou chegar a lugar nenhum!", as frases deixam marcas em faces e corpos. Ele pediu que cada ator escolhesse um *slogan*, uma frase pessoal apropriada que pudesse ser repetida silenciosamente diversas vezes. Cada máscara do ator foi assim lentamente construída, sem o uso de maquiagem ou próteses, apenas com o domínio dos músculos faciais, a repetição do *slogan* e uma resposta verdadeira para as proposições do diretor.

O rosto do ator permanecia congelado nessa máscara ao longo da apresentação, gerando forte impacto emocional, que transcendia a artificialidade óbvia do efeito: a máscara de olhos sem vida, que olham para além do espectador, duplicando, de forma perturbadora, uma única expressão (ou a falta de expressão) aparente nas fotografias utilizadas durante a última fase de sobrevivência antes do extermínio. Mas cada máscara também era única para cada ator e misteriosamente revelava algo de essencial em cada um, talvez ligado à atitude pessoal e às reações diante do material do holocausto, da história europeia de antissemitismo e do drama nacionalista polonês de Wyspiański.

O trabalho de Grotowski relacionado à máscara facial foi utilizado apenas em *Akropolis*; não era um método que aplicava como receita em outras apresentações. Em *Akropolis*, também servia a um propósito claro e provava ser uma solução criativa para um problema prático do ofício.

O Corpo do Ator: É Formalismo?

Eric Bentley considerava *Akropolis*, de Grotowski, exageradamente estético e formal,[26] mas isso foi intencional. Grotowski buscava uma "forma não emotiva de expressão".[27] Outra maneira como formalizou a atuação em *Akropolis* foi com a pantomima. Os atores começaram a trabalhar com elementos de pantomima clássica e emprestaram algumas técnicas a serem aplicadas na criação de suas partituras físicas, o que constituiu o começo do trabalho nos famosos exercícios *plásticos* (ver capítulo 4). Quando se assiste ao trabalho dos atores em vídeo, é possível vê-los aplicando com precisão princípios físicos e de movimento. Muitas vezes brincam com o equilíbrio, deixando-se cair ou criando momentos que são quase um balé pela maneira como mudam de peso, usam o gesto e sustentam posições. Flaszen registra que cada ator "tem sua própria silhueta irreversivelmente fixada".[28]

Os atores incorporam muitas pausas em suas partituras, como grupo e individualmente. Zygmunt Molik relata como Grotowski

---

[26] Eric Bentley, "An Open Letter to Grotowski" (1969). In: Richard Schechner e Lisa Wolford (eds.), op. cit., p. 166.
[27] Ludwik Flaszen, citado em Jennifer Kumiega, op. cit., p. 63.
[28] Ludwik Flaszen, "Akropolis: Treatment of Text" (1965). Trad. Simone Sanzenbach. In: Jerzy Grotowski, *Towards a Poor Theatre*, p. 77.

muitas vezes gritava "Foto!" durante os ensaios e o grupo inteiro congelava, guardando a composição. Muitas vezes eram estranhas poses de estátua, dando a impressão de monumentos heroicos. Os atores também aplicam "o princípio chinês", começando o movimento com um leve impulso na direção oposta, e outros aspectos de oposição, criando tensão pela maneira consciente de mobilizar vetores opostos em seus corpos e pela relação com o espaço e entre eles. Anos depois, no Collège de France, em Paris, em 1997, Grotowski lembrou que: "[Em *Akropolis*] tudo era formal, mas ao mesmo tempo nada era formal, tudo estava vivo".[29]

Paisagem Sonora

Se a montagem textual e a composição física de *Akropolis* são certamente marcantes, uma testemunha contemporânea deslumbra-se ainda mais com as habilidades vocais dos atores e a engenhosa edição da paisagem sonora do diretor, que acompanha cada momento visual do espetáculo. A paisagem sonora inclui canto, rugidos, ronronar e uma gama de sons sem articulação emitidos pelos atores, assim como o rítmico bater dos sapatos de madeira, um violino melancólico e o barulho metálico de martelos e pregos. Cada som, falado ou não, foi precisamente coordenado com a ação física. Flaszen explica como "os sons são entremeados em um repertório complexo, que traz de volta, de forma fugaz, a memória de todas as formas de linguagem". Ele se refere ao efeito torre de Babel, "uma colisão de pessoas estrangeiras e línguas estrangeiras se encontrando pouco antes do seu extermínio".[30] Em *Akropolis,* a voz se torna algo mais do

---

[29] Jerzy Grotowski, *La Lignée Organique au Théâtre et dans le Rituel*. Série de seminários para o Collège de France, 16 de junho de 1997. Paris, Le Livre qui parle (14 cassetes).

[30] Ludwik Flaszen, "Akropolis: Treatment of Text" (1965). Trad. Simone Sanzenbach. In: Jerzy Grotowski, *Towards a Poor Theatre*, p. 77.

que um meio de comunicar intelectualmente, pelo sentido das palavras. Funciona como "puro som" e, visceral e emocionalmente, afeta os espectadores, mesmo que não compreendam a língua polonesa.

Robert Findlay descreve em detalhe como os atores deram vida ao complexo texto poético de Wyspiański: "Às vezes sussuravam intencionalmente de forma confusa ou falavam como se fossem crianças. Outras vezes, usavam o dialeto camponês. Havia encantamentos litúrgicos, assim como recitações muito melodiosas e sofisticadas. Mais impressionantes eram os períodos em que os artistas usavam entonações artificiais do tradicional ator de teatro nô".[31]

Findlay afirma, em seguida, que o espetáculo era quase uma ópera, em função dos fortes elementos musicais utilizados ao longo da peça. Esse tipo de musicalidade esteve presente em todos os trabalhos de Grotowski. De fato, enquanto as etapas finais de sua pesquisa estavam claramente dedicadas à investigação do canto e da vibração, esse fluxo de pesquisa era aparente a partir dos primeiros anos do seu trabalho com os atores. É mesmo possível afirmar que todas as apresentações de Grotowski eram cantadas.

DESCRIÇÃO DAS CENAS ESSENCIAIS DE *AKROPOLIS*

O Prólogo e as Primeiras Cenas

Akropolis, de Grotowski, começa com a entrada claudicante de Zygmunt Molik no espaço, carregando um manequim mole e sem cabeça. Molik sobe até a pilha de sucata, deita levemente o manequim na banheira e inicia um prólogo que resume a ação

---

[31] Robert Findlay, "Grotowski's *Akropolis*: A Retrospective View". In: *Modern Drama*, 27, 1, março, p. 8.

da peça. As palavras são de uma carta escrita por Wyspiański e de uma crítica da peça feita quando da sua primeira publicação. "Eu estou lendo cenas de *Akropolis*. Estou satisfeito com elas e tenho a impressão de que cada cena traz consigo uma rajada de ar fresco."[32] Nesse ponto, outros seis atores (Ryszard Cieślak, Zbigniew Cynkutis, Rena Mirecka, Stanisław Scierski, Antoni Jahołkowski e Andrzej Paluchiewicz) entram marchando, e seus sapatos de madeira marcam uma batida precisa e rítmica. Carregam dois carrinhos de mão em cima da cabeça. Molik continua:

> Ação: a noite da Ressurreição na catedral Wawel, nossa acrópole. Começa com anjos, que desceram ao chão, carregando o caixão de São Estanislau. Figuras e estatuetas das lápides da catedral ganham vida. O sonho de Jacó, judeu. Heróis de Troia, Helena e Páris vieram de uma outra tapeçaria [dois prisioneiros que representarão Helena e Páris arriscam poses desengonçadas]. Conclusão: ressuscitado, Cristo, o Salvador, vem para o chão do altar principal.[33]

Molik termina seu texto em voz baixa: "Mais fantástico e simbólico que qualquer outra peça até hoje, o drama descreve o progresso da raça humana em suas etapas belicosas e pastoris com o poder da música dominando-as". Ele imediatamente coloca seu violino sob o queixo e começa a tocar uma música estridente e sentimental. Os outros prisioneiros respondem em seguida e começam a montar os pedaços de cano enquanto entoam frases da peça de Wyspiański.

> CORO: No cemitério das tribos
> Eles vêm aqui para o dia de sacrifício,
> No cemitério das tribos.

---

[32] Citado em Robert Findlay, op. cit., p. 8.
[33] Ibidem, p. 8-9.

UMA VOZ: Nossa Acrópole.
CORO: Apenas uma vez ao ano,
Eles vêm apenas uma vez ao ano
Ao cemitério das tribos.
UMA VOZ: Nossa Acrópole.
CORO: Eles leem as palavras de julgamento
No cemitério das tribos.
UMA VOZ: Nossa Acrópole.
CORO: Eles se foram e a fumaça continua.[34]

O foco muda para dois prisioneiros (Cieślak e Jahołkowski) carregando o cano da chaminé nas costas. No texto de Wyspiański, são anjos. Caminham sem sair do lugar, um caminhar estilizado como mímica. Levantam e abaixam o peso e falam de muitos cadáveres e do sofrimento inesgotável. Quando descobrem o manequim sem cabeça jogado de lado, percebem que ainda existe um corpo vivo entre os cadáveres: "Você está ouvindo os gemidos? Você vê o rosto preto? Você está vendo sua coroa de espinhos?".[35] Quando o corpo esmorece, os dois prisioneiros penduram a flácida figura em uma das cordas esticadas no espaço – imagem chocante de um prisioneiro assassinado a tiros enquanto tentava subir o arame farpado; ou é o Cristo crucificado? O violino toca e um segundo período de trabalho de construção rítmica e de marteladas começa.

A apresentação continua: cenas curtas de diálogo e imagens surpreendentes entrelaçadas com sequências de trabalho precisamente orquestradas e coreografadas. Há uma cena em que dois prisioneiros estão separando os cabelos dos cadáveres. Acariciam uma grande folha de plástico e a cena transforma-se – surge Rena Mirecka apresentando uma dança estranha, como se fosse marionete. Há uma

---

[34] Citado em ibidem, p. 9-10.
[35] Citado em ibidem, p. 10.

cena brutal de interrogatório, na qual dois guardas empurram mecanicamente um prisioneiro para frente e para trás, entre eles, antes de pendurar o exaurido corpo nas cordas, e uma cena grotesca, em que uma prisioneira (Mirecka) força um prisioneiro a fazer amor com ela, empoleirada sobre ele na banheira, rindo de forma maníaca. Após o orgasmo, ela o rejeita, empurrando-o violentamente, três vezes, para dentro da banheira. Cada uma dessas cenas tem uma cena correspondente na peça de Wyspiański.

A História de Jacó

Molik em seguida anuncia que começará a "velha história judia de Jacó" e resume o que acontece. Findlay afirma que "A versão da história bíblica do Laboratório é seguida geralmente pela sequência do texto de Wyspiański, mas com cortes internos consideráveis e eliminação da reconciliação final de Jacó e Esaú".[36]

Um dos momentos memoráveis dessa parte da apresentação era o casamento de Raquel e Jacó. Jacó e seu tio Labão fazem um cabo-de-guerra em cima de um pedaço inútil de plástico, que representa Raquel. Depois que Jacó mata o tio, toma posse do plástico e canta uma canção de amor em que a chama de pássaro do paraíso. Outro prisioneiro, deitado em meio à sucata, fala o texto de Raquel: "Vamos ao meu pai, eu amo apenas você".[37] Jacó drapeia o plástico no cano de forma a parecer um véu de noiva. Os prisioneiros formam uma procissão atrás de Jacó e sua chaminé e cantam uma música de casamento polonesa. Mirecka bate dois pregos, para significar os sinos da igreja, enquanto a procissão segue seu caminho rumo ao leito nupcial, a banheira.

---

[36] Ibidem, p. 11-12.
[37] Citado em ibidem, p. 10.

A história continua com um longo discurso sobre a avançada idade de Jacó e sua saudade de casa. Ele luta com um anjo (Cynkutis), que deita em um dos carrinhos de mão que Jacó leva nas costas. Jacó pergunta: "Quem é você, que é mais forte do que todos os homens vivos?". O anjo responde: "Necessidade".[38] Depois de outra onda de atividades, o crematório é finalizado e os prisioneiros olham para o céu em busca do sol e gemem baixinho.

Jahołkowski de repente interrompe o fantasmagórico devaneio. Movimenta-se entre os canos de chaminé, batendo em cada um com um prego e falando dentro deles para amplificar a voz, como em um alto-falante de acampamento. Anuncia que um melro, um espião, foi capturado. "O melro veio ouvir nossas almas." Em seguida proclama: "O gelo no rio está quebrando. As primeiras flores são para Páris e Helena".[39] Somos agora transportados para a paisagem de Troia.

Páris e Helena

Nessa parte do espetáculo, os atores colocam os braços dentro da roupa e essa simples transformação sugere prisioneiros lutando contra o frio, e também as ruínas de antigas estátuas gregas. Grotowski, audaciosamente, coloca um homem para fazer o papel de Helena. Scierski já representara diversos papéis femininos ao longo da peça, mas na simples cena de amor entre Páris e Helena, na qual os outros internos, atuando como guardas, riem e zombam, somos lembrados de que os homossexuais também sofreram durante o Holocausto. Quando Páris diz a Helena que está na hora de irem para a cama, os outros explodem em assobios vulgares. Essa

---

[38] Citado em ibidem, p. 13.
[39] Citado em ibidem, p. 14.

interpretação de amor homossexual era extremamente ousada para a época. A cada momento do espetáculo, Grotowski desafia o preconceito de sua própria cultura e revela a hipocrisia da humanidade. Através da constante repetição das expressões "nossa Acrópole" e "cemitério das tribos", Grotowski e seus atores refletem a maldade e a intolerância inerentes a cada pessoa – interno, guarda, patriarca, matriarca, herói ou deusa, bem como a cada espectador.

O Fim do Espetáculo

Wyspiański termina seu drama com a ressurreição de uma figura de Cristo/Apolo. De um modo típico do romantismo polonês, este messias carrega as esperanças da nação na direção do futuro, mas na *Akropolis* de Grotowski não existe esperança (Figura 3.5). Molik, como rei Davi, faz uma lista dos feitos de sua tribo. Levanta a voz, chorando: "Quando Deus chegará?" e começa a cantar. Sua voz vibra através do espaço em uma estupenda demonstração do uso dos ressonadores. Canta usando harmônicos – engajando ao mesmo tempo ressonadores altos e baixos – como duas vozes diferentes, simultaneamente. Ergue o manequim sem cabeça sobre a sua cabeça. O Salvador de Grotowski é o corpo definhado dos campos de concentração. Os prisioneiros cantam em êxtase as palavras de Apolo, do texto de Wyspiański, com a melodia de um cântico natalino tradicional, e começa uma tortuosa procissão em direção ao forno que eles mesmos construíram. Robert Findlay descreve o final:

> A procissão evoca uma imagem de extáticos autoflageladores medievais. Continuando a cantar fanaticamente, o grupo circula a caixa preta diversas vezes. Finalmente, a pequena capa da caixa é removida e uma luz brilhante sai do buraco aberto. Cantando, cada um dos prisioneiros segue Molik, e

o manequim sem cabeça salta freneticamente para dentro do buraco. Mirecka é a última, e coloca a tampa sobre eles. Faz-se um repentino silêncio e uma voz, da caixa, simplesmente diz as palavras do prólogo: "Eles se foram e a fumaça permanece". A apresentação se encerra. A plateia, tipicamente, não aplaude; apenas deixa o teatro.[40]

A visão de Grotowski era total. *Akropolis* funciona em tantos níveis diferentes que é quase impossível compreender inteiramente a peça vendo-a uma única vez. As camadas de sentido, a metáfora, as imagens poderosas e a virtuosidade técnica do grupo podem ser percebidas como muito desafiadoras para a plateia da atualidade, que recebe tudo de mão beijada. No entanto, após assistir a uma performance em Nova York, em 1969, o escritor norte-americano J. Schevill escreveu: "Eu sei agora porque há nos crematórios uma estranha alegria, assim como terror, e nunca escaparei dessa revelação".[41] Respostas assim profundas permanecem como a promessa do teatro – e os modelos do Teatro dos Espetáculos de Grotowski continuam a mostrar o caminho para um teatro que é criativo, desafiador, competente e rico em sua própria pobreza.

EVENTOS DO PARATEATRO

Grotowski passou apenas os primeiros doze anos de sua carreira profissional dirigindo espetáculos teatrais. Ao longo das décadas de 1970, 1980 e 1990 conduziu outras pesquisas. Seria um erro grosseiro omitir a descrição de algumas das atividades de parateatro nesta discussão sobre a importância de Grotowski como diretor. Mesmo que o trabalho posterior não possa ser considerado rigorosamente um teatro de espetáculo, e tenha sido

---

[40] Ibidem, p. 16.
[41] Citado em Jennifer Kumiega, op. cit., p. 65.

feito, muitas vezes, sob a supervisão dos integrantes mais jovens da equipe de pesquisa de Grotowski, sua orientação é visível e continua a influenciar o treinamento e o pensamento teatral em todo o mundo.

Figura 3.5 – Rena Mirecka, Ryszard Cieślak, Zygmunt Molik, Gaston Kulig, Andrzej Bielski, Mieczyslaw Janowski e Antoni Jahołkowski em *Akropolis* (1964). Fotógrafo desconhecido, cortesia do Arquivo do Instituto Grotowski, Wroclaw.

Colmeias

Em *L'Université des Recherches*, em 1975, uma das atividades de Parateatro aberta a todos os participantes era chamada de *Colmeias* [*Beehives*]. Colmeias eram geralmente realizadas na sala principal do Teatro Laboratório, em Wroclaw, a mesma na qual *Apocalypis cum Figuris* continuava a ser encenada. De setenta e cinco a duzentas pessoas participaram de cada Colmeia, aglomeradas em um espaço teatral relativamente pequeno (7,5 por 12 m). Existem alguns relatos pessoais acerca das Colmeias, e é especialmente detalhado o relato de André Gregory no filme de Louis Malle, *Meu Jantar com André* (1981).

A Colmeia era geralmente liderada por um membro do Teatro Laboratório, trabalhando com um pequeno time, que guiava os participantes por uma sequência preestabelecida de eventos. Às vezes, a estrutura era muito óbvia – os participantes sabiam exatamente o que e quando fazer. Grotowski sempre deixava claro que, em qualquer evento de participação, o público primeiro precisava se sentir à vontade, nunca coagido ou confuso: deve saber que alguém está no comando e que será bem cuidado. As chamadas regras do jogo devem ser evidentes para todos, a fim de que o evento ocorra de forma clara e justa. Grotowski sempre suspeitava de tentativas de enganar o público para que este participasse, e de qualquer tipo de abuso da plateia. Para ele, quanto mais claras eram as coisas, melhor a qualidade da participação. De novo, somos lembrados do *conjunctio-oppositorum*: espontaneidade não pode existir sem estrutura, e buscar a espontaneidade sem estrutura resulta em caos e banalidade.

É claro que, mesmo com estrutura, as Colmeias e outras atividades do Parateatro muitas vezes resultavam em excessos artificiais e comportamentos banais. Se ocorresse o compartilhamento de canções, os participantes imediatamente apelariam para palmas e estalar de dedos. Começariam a cantarolar em alto e bom som, sem nem terem escutado a música, sem estarem verdadeiramente presentes e receptivos. Os participantes muitas vezes buscavam uma conexão sentimental com os outros, uma experiência de grupo. Tudo isso era fácil demais. O verdadeiro trabalho, no encontro parateatral, começava apenas depois que os participantes vomitassem essas reações fáceis. Quando as pessoas começam a buscar outra coisa, só então ocorre o real desarmar-se, e, depois disso, o encontro.

Grotowski e seus colaboradores estavam cientes desses problemas. Aplicando o princípio da *via negativa*, lentamente eliminaram os excessos, da mesma forma que fizeram com o trabalho teatral. Os adereços eram eliminados. Fogo, água e outros elementos, que muitas vezes faziam parte das primeiras atividades de parateatro e levavam os participantes a um comportamento clichê, foram deixados de lado. Grotowski começou a vislumbrar um tipo de encontro diferente, um encontro onde nada de falso se coloque no caminho.

> Quando chegamos a um ponto em que, no mesmo espaço, um sujeito bebe água porque está com sede, o outro canta, porque realmente quer cantar, um terceiro dorme porque realmente quer dormir, um quarto corre porque algo o impulsiona, um quinto brinca, em função de seu interesse pelos outros – aí estamos lidando com o fenômeno do presente. Não existe o estar adiantado ou atrasado. Se está onde se está. Este é só o primeiro passo, mas é o primeiro passo na direção de ser o que se é realmente... Na linguagem teatral descrevemos isso ao afirmarmos que a ação é literal, e não simbólica, não há divisão entre ator e espectador; o espaço é literal, e não simbólico.[42]

Foi com o trabalho com Jacek Zmyslowski, que dirigiu o *Projeto Montanha* e *Vigília*, que Grotowski chegou mais perto de sua noção de ação literal, na qual a contradição entre presença e representação, ação e repetição, é abolida.

---

[42] Jerzy Grotowski, "Action is Literal". In: Jennifer Kumiega, op. cit., p. 227. Texto publicado em versão resumida.

O Projeto Montanha

O *Projeto Montanha* consistia de três partes: *Vigília Noturna*, *O Caminho* e *Montanha de Chamas*. A primeira *Vigília Noturna* aconteceu em setembro de 1976, no espaço de apresentação do Teatro Laboratório. Esse segmento funcionava como método prático para determinar a prontidão dos participantes para empreenderem as próximas fases do projeto. Kumiega diz: "Se a *Vigília Noturna* pode ser encarada como um despertar, os despertos são reconhecidos e os que dormem, intocados, continuam a dormir".[43] As próximas duas fases do *Projeto Montanha* desdobraram-se até o fim de julho de 1977. Zmyslowski selecionou então uma equipe internacional para continuar trabalhando na variação de *Vigília Noturna*, projeto simplesmente conhecido como *Vigília* (*Czuwania*). Jairo Cuesta era membro do grupo e apresenta suas recordações do projeto.

Czuwania (*Vigília*): Uma Recordação

O caminho do projeto *Czuwania* era simples. Primeiramente precisávamos confrontar o silêncio, permitir que o movimento emergisse dele e, só assim, a partir desse movimento, ir ao encontro dos outros. Parece simples, mas no caminho tivemos que superar muitos obstáculos. O silêncio não significava apenas evitar a fala. Tornou-se uma maneira de comunicação com os outros, de transmitir o sentido da experiência do aqui e agora. Talvez possamos falar disso como se fosse de um sentido de cumplicidade. Por exemplo, quando você estiver em uma expedição na floresta ou

---

[43] Jennifer Kumiega, "Grotowski/The Mountain Project" (1978). In: Richard Schechner e Lisa Wolford (eds.), op. cit., p. 242. Impresso primeiramente em *Dartington Theatre Papers*, série 2, n. 9, Dartington Hall.

no alto das montanhas, não precisará ser chamado: você está lá quando os outros precisarem de você.

Durante os preparativos para *Czuwania*, Jacek [Zmyslowski] conseguiu criar um espaço de silêncio em que cada integrante da equipe encontrava a liberdade de se conectar com o âmago do silêncio em si mesmo. Quando isso acontecia, uma espécie de simplicidade e alto estado de atenção afloravam em cada um de nós. Ainda me lembro do gosto do pão polonês, do som do violão, dos sorrisos de meus companheiros em repouso e de alguém pronunciando o nome de um velho amigo que apareceu na porta.

Apenas quando alcançávamos esse nível de silêncio e atenção descíamos para a sala do piso inferior, a sala antiga e vazia do teatro. Lá, pacientemente, deixávamos o movimento emergir do nosso próprio silêncio.

Cada um de nós tinha a sua maneira. Éramos todos tão diferentes entre nós – japoneses, norte-americanos, franceses, colombianos, alemães e até mesmo os seis integrantes poloneses eram diferentes entre eles. Talvez possamos dizer que era como um fogo feito com diferentes pedaços de madeira seca encontrados em uma velha floresta: alguns queimarão rapidamente, outros lutarão contra a umidade antes de começar a queimar, outros emanarão alguma fragrância antes de qualquer combustão. Do mesmo modo, para começar a Vigília, alguns de nós apenas respiravam e caminhavam; outros permaneciam deitados no chão ou começavam uma série de delicados rolamentos. Alguns encontravam um fluxo contínuo de movimentos ou mudavam da posição sentada para outras posições corporais, testando cada uma como se pela primeira vez. Às vezes éramos previsíveis em nossas reações; outras, a surpresa de ver uma pessoa passar por um estranho fluxo de movimentos nos fazia reagir com uma experiência mais surpreendente de nossos próprios movimentos. Quando essa cadeia surpreendente de fluxo de movimento aparecia na sala, sabíamos que estávamos prontos para a próxima etapa da ação: encontrar os outros.

Os participantes de fora se reuniam a nós no espaço de silêncio que já encontráramos. Cada grupo de novos participantes tinha a sua própria natureza e o caminho em direção ao movimento era sempre diferente. Jacek [Zmyslowski] sabia disso e foi capaz de liderar a equipe com diferentes estratégias de trabalho no espaço, as quais permitiam que os participantes se unissem organicamente ao caminho para o movimento. O processo demandava bastante tempo – às vezes muitas horas – porque os participantes surpreendiam-se ou até tinham medo desse espaço não habitual de silêncio. Primeiro precisavam confiar no grupo e depois neles mesmos. Quando isso acontecia, podiam fazer coisas extraordinárias, sabendo que o grupo sempre estaria lá para apoiá-los. Quando todas essas condições estavam estabelecidas, o encontro podia acontecer.

Grotowski considerou o trabalho de Zmyslowski em Czuwania parte fundamental do experimento parateatral:

> Jacek sempre insistia que no trabalho contam as coisas extremamente simples: o movimento e o espaço, o corpo e o espaço. Nada mais, realmente nada mais, nenhum milagre, nenhum mistério, nenhuma metafísica, nenhum espírito, apenas as coisas mais simples. Em explanações para seus colaboradores, sempre realçava o fato de que é necessário aceitar certos limites, principalmente os limites físicos; por exemplo, sabemos que não podemos voar, então não discutimos como voar.[44]

---

[44] Grotowski, citado em François Kahn, *The Vigil* [*Czuwanie*] (1997). Trad. Lisa Wolford. In: Richard Schechner e Lisa Wolford (eds.), op. cit., p. 230.

Grotowski extraiu muito do experimento de *Czuwania*, que se tornou parte essencial do seu trabalho no Objective Drama e influenciou o desenvolvimento do exercício *Watching* (ver o capítulo 4). *Vigília* também serviu para verificar muitas das ideias de Grotowski sobre desarmamento, fluxo, encontro e a "desdomesticação" e permanece um dos melhores exemplos da pesquisa do parateatro pela busca de uma atividade que funcionasse no nível em que a ação é literal.

ACTION: O OPUS FINAL

É impossível escrever sobre Grotowski como diretor sem mencionar o *opus Action*, trabalho desenvolvido dentro do projeto de Artes Rituais ou Arte como Veículo, fase final da pesquisa de Grotowski. No começo de sua carreira como encenador, Grotowski era muito claro sobre o desejo de criar novos rituais no teatro. No entanto, logo abandonou essa noção e decidiu que era impossível criar um ritual que literalmente envolvesse os espectadores. Rejeitou os espetáculos teatrais e começou a testar suas ideias em uma arena mais abrangente. Mas, mesmo nos experimentos parateatrais, ele descobriu o quanto é difícil evitar os clichês da espontaneidade ao trabalhar com participantes não iniciados. A extremidade do arco de evolução da pesquisa de Grotowski foi uma estrutura criada somente para aqueles que a estavam fazendo – uma estrutura que funcionava como veículo para o trabalho sobre si. Lisa Wolford aponta que: "Arte como Veículo não é uma atuação mimética de um ritual; *é ritual* (...); para o artista, o processo interior (se, por um ato de graça, ele aparecer) é real. É uma manifestação da Graça".[45]

---

[45] Richard Schechner e Lisa Wolford (eds.), op. cit., p. 15-16.

Assim como a produção teatral de *Akropolis* atualizava a essência do campo de concentração no aqui e agora, pode-se afirmar que em *Action*, o principal colaborador de Grotowski, Thomas Richards, atualiza o ritual.

Action é um ritual para aqueles que a estão fazendo: uma estrutura em que, através de um ciclo de antigos cantos, o atuante entra em um processo de transformar sua energia vital, pesada, cotidiana, em uma energia fina e mais sutil. É uma jornada na verticalidade, movendo-se para cima e depois descendo. Porque, quando a energia for transformada, o atuante tentará trazer essa energia sutil de volta para a realidade da "densidade" do seu corpo e do ambiente físico. Torna-se, como descreve Grotowski, "como uma linha vertical e esta verticalidade deve ser mantida de forma firme entre a organicidade e a consciência [*awareness*]. Esta não é uma consciência ligada à linguagem (a máquina de pensamento), e sim à Presença".[46] Thomas Richards mais tarde se refere ao processo como "ação interior" [*inner action*].[47]

Mas a questão, para aqueles que trabalham no teatro, pode ser "E daí?". Por que fazer esse ritual, por que passar por esse processo? Como isso vai me ajudar a ser um ator melhor, representar Hamlet ou cantar uma ária? Para o atuante, *Action* funciona como uma maneira de trabalhar sobre si mesmo, no verdadeiro sentido criado por Stanislavski para o termo. Contudo, para nós, no teatro, somente o testemunho desse trabalho já pode ser significativo. Serve como uma demonstração do que é possível. Grotowski, trabalhando como muitos dos monges

---

[46] Jerzy Grotowski, "From the Theatre Company to Art as a Vehicle". In: Thomas Richards, *At Work with Grotowski on Physical Actions*, p. 125.
[47] Thomas Richards, *The Edge-point of Performance*. An interview with Thomas Richards by Lisa Wolford. Pontedera, Italy, Série de Documentação do Centro de Trabalho de Jerzy Grotowski, p. 39.

da Idade Média que copiavam antigos textos, manteve viva a chama do conhecimento. Ao testemunhar seu trabalho, ao vivo ou na versão filmada, somos lembrados da tradição do ofício, da importância da precisão, da diferença entre artificialidade e organicidade, da atualização da Presença. James Slowiak relembra seu confronto pessoal com *Action*:

> Na viagem de volta para Pontedera, alguns anos depois que eu começara meu próprio trabalho, fui confrontado com duas coisas: Verdade e Profundidade. Não há máscaras no trabalho de Grotowski. Encara-se a realidade, as questões duras e práticas. Não podemos nos esconder por trás da beleza, da estética, do simbolismo ou da filosofia. No *opus* do *Workcenter*, *Action*, não há espetáculo. É puro trabalho – trabalho com o que é essencial, destilado e profundo, a demonstração do espírito humano em ação. Sim, não se trata apenas do corpo. Há lá outro elemento. Mas como abordá-lo? Como desbloqueá-lo? Como deixá-lo fluir? Este é o nosso trabalho, nosso ofício. Sim, deve ser primeiramente abordado pelo corpo, pela técnica e precisão, através da ação clara, e, assim, talvez isso possa chegar. Mas depois de a precisão ser alcançada, outra coisa assume o controle – podemos chamar de não precisão, e este é o Ato. Chame de Teatro das Fontes, Objective Drama, Artes Rituais, Arte como Veículo, chame do que quiser, mas o fato é que Grotowski, com a colaboração de Thomas Richards, realizou isso. Não é algo que todos precisemos sair correndo para fazer. Grotowski nunca pregou que a sua maneira fosse a única para abordar o teatro. Mas o fato de ter cumprido suas metas repercutirá em nossa profissão durante anos e anos.[48]

---

[48] James Slowiak, "Ondas en el Estanque". Trad. Carlota Llano. In: Fernando Montes (ed.), *Grotowski: Testimonios*. Bogotá, Ministerio de Cultura de Colombia, p. 40.

Em um texto escrito no último ano de sua vida, Grotowski enfatiza a autoria exclusiva de Thomas Richards sobre *Action*.[49] Conclui que a colaboração entre eles só pode ser compreendida no sentido de transmissão: "transmitir a ele [Richards] aquilo a que cheguei em minha vida: o aspecto interior do trabalho".[50] Grotowski identifica-se como herdeiro de uma tradição e sente-se no dever de transmitir seus conhecimentos para uma nova geração. Suas últimas perguntas são: "Que parte ocupa a pesquisa em uma tradição? Até que ponto a tradição de um trabalho sobre si ou, para falar por analogia, de um ioga ou de uma vida interior é ser ao mesmo tempo investigação e pesquisa que faz cada nova geração dar um passo à frente?".[51] Ele considera que o trabalho de Thomas Richards no domínio da arte como veículo (*Action*) ultrapassou o seu. Nesse último texto, somos confrontados mais uma vez com muitos dos tópicos que absorveram Grotowski ao longo de sua carreira – do fascínio inicial com os *yurodiviy* (loucos sagrados) até sua minuciosa pesquisa acerca da natureza da atuação; das peregrinações pelas tradições e culturas até a monástica reclusão na Itália; das explorações radicais dentro do seu laboratório até a busca sem limites, além das fronteiras do teatro – Grotowski nunca parou de se perguntar "Quem sou eu?".

---

[49] Jerzy Grotowski, "Untitled Text by Jerzy Grotowski, Signed in Pontedera, Italy, July 4, 1998". In: *The Drama Review* 43, 2 (T162), verão 1999, p. 12.
[50] Ibidem.
[51] Ibidem.

Exercícios práticos

Grotowski sempre foi, em todos os assuntos, um ser prático. Nos encontros públicos, muitas vezes advertia jovens atores, por suas confusões ou falta de ação, usando um de seus aforismos prediletos: "Quando você não sabe o que fazer, simplesmente faça". Apenas no fazer a compreensão pode ocorrer. O caminho do ofício é construído sobre tentativas e fracassos. O primeiro passo é entrar no espaço e descobrir suas capacidades.

Em nosso trabalho com o New World Performance Laboratory, criamos oficinas baseadas nos princípios de Grotowski. Alguns dos exercícios descritos aqui vieram diretamente de nossos anos de trabalho com Grotowski, enquanto outros são provenientes da nossa própria experiência de trabalho com atores do mundo todo. Todos os exercícios servem a um propósito: criar condições nas quais os atores possam tentar eliminar qualquer elemento perturbador que os impeça de realizar quatro ações essenciais: ver, escutar, revelar e encontrar.

PREPARATIVOS

O Espaço

Antes do início do trabalho é preciso encontrar um espaço apropriado. Grotowski mostrou que a dificuldade de encontrar um espaço nunca deve ser usada como justificativa para atrasar o começo do trabalho. Qualquer espaço pode oferecer a possibilidade de trabalhar sobre si mesmo e de trabalhar o ofício. Quando um espaço de trabalho é selecionado, porém, deve-se responder a uma série de questões éticas, de maneira a transformar o espaço escolhido em algo especial, o chamado espaço sagrado.

Primeiro, o espaço deve ser limpo, desprovido de quaisquer elementos que possam gerar distração. Quando Grotowski conduziu um *workshop* a convite de Peter Brook, para a Royal Shakespeare Company, em meados da década de 1960, os atores britânicos, chocados, passaram grande parte do dia limpando o palco. O caos costumeiro de palcos, estúdios e salas de atuação dava arrepios a Grotowski. Como criar em um espaço com entulho e sucata? Como confrontar-se a si mesmo em um espaço repleto de lugares para se esconder? Ao longo dos anos de trabalho com Grotowski, a faxina tornou-se tarefa diária. Nenhum trabalho poderia se iniciar sem que o espaço estivesse brilhando. Em nossa companhia, o New World Performance Laboratory, tentamos deixar qualquer espaço de trabalho em melhor condição do que quando o encontramos. Nossos atores muitas vezes esfregam o chão, lavam as janelas, arrastam plataformas, varrem e removem o pó. O cuidado com o local de trabalho é um importante elemento na criação da qualidade.

O Silêncio

Outros princípios que enfatizamos no começo de uma oficina referem-se ao comportamento dos participantes. Geralmente pedimos a eles que deixem de lado os maneirismos e hábitos sociais: "Um ato de criação nada tem a ver com conforto externo ou civilidade humana convencional, ou seja, condições de trabalho em que todos estão felizes. Ele demanda o máximo de silêncio e o mínimo de palavras".[1]

Grotowski muitas vezes lamentava a necessidade que o aluno moderno tem de ser entretido. A meta da oficina não é a de se divertir. Todos devem estar preparados para o trabalho. Todas as risadas, piadas, conversas sociais, além da intelectualização, ficam fora do espaço de trabalho. Há um momento para comentar, perguntar e analisar, mas geralmente não é durante a sessão de trabalho. Dedique toda a atenção para a tarefa em mãos, para os exercícios e proposições criativas. Se algo não está claro, continue a fazê-lo, até que o instrutor esclareça ou você descubra por si mesmo a solução, a maneira de proceder. Nunca pare um exercício ou interrompa um processo para fazer uma pergunta, comentário ou refletir acerca do que está acontecendo. Continue fazendo.

Aderir a esses princípios cria uma qualidade de silêncio rara na sociedade moderna, e sua aceitação desse silêncio pode ser um grande catalisador para a transformação. Assim como o espaço exterior precisa estar livre de entulho, o espaço interior do ator precisa esvaziar-se de trivialidade. Isso pode ser realizado de

---

[1] Jerzy Grotowski, *Towards a Poor Theatre*. New York, Routledge, 2002, p. 258.

formas muito simples: proíba qualquer tipo de conversa social no espaço de trabalho; mantenha o silêncio até mesmo durante intervalos ou pausas; restrinja qualquer discussão entre os observadores, ou melhor, não permita observadores! Silêncio é um princípio que aparece ao longo de todas as diferentes fases da pesquisa de Grotowski. Era comum que ele medisse a qualidade do trabalho pela qualidade do silêncio obtido.

Durante suas palestras no Collège de France, em 1997, Grotowski projetou o filme de Ryszard Cieślak ensinando alguns exercícios físicos do Teatro Laboratório. Ele comentou o uso do silêncio feito por Cieślak como instrutor. Grotowski afirmou que o mau instrutor fala muito e tenta descrever os resultados dos exercícios, aquilo que deveria acontecer. Cieślak, por outro lado, fala raramente com os alunos e os aborda com silêncio e fluidez. Ele demonstra os exercícios silenciosamente, usando o toque e a cuidadosa observação para fazer correções ou para guiá-los em suas descobertas. O trabalho é um processo, não uma aula de habilidades orientada para a obtenção de resultados.

Muitas vezes a exigência de Grotowski por silêncio é confundida com uma relutância por se engajar em uma discussão acerca do seu trabalho. Isso não é verdade. Grotowski era muito aberto para discutir sobre sua pesquisa e analisar o trabalho realizado. Essas atividades não silenciosas precisavam acontecer, no entanto, na hora e no lugar apropriados e nunca podiam ser automáticas ou misturadas com o trabalho prático.

O CORPO DO ATOR

No livro *Em Busca de um Teatro Pobre*, Grotowski afirma muito claramente: "Alguma coisa o estimula e você reage – este é todo o segredo".² Dá para ser mais simples? Pode-se apresentar a versão de Grotowski do processo de atuação da seguinte maneira:

Estímulo-Impulso-Ação-Contato

O problema, porém, é que os corpos dos atores raramente são receptivos aos estímulos; ou, se acontece de o estímulo ser recebido, algo bloqueia o fluxo de impulsos; e, se os impulsos acontecem, muitas vezes o ator não sabe como canalizá-los para ações ou formas precisas, de maneira a fazer contato com um parceiro.

Portanto, depois que o espaço tiver sido preparado e as regras do comportamento esclarecidas, o participante da oficina precisa "compreender o fato de que ninguém aqui quer *dar* algo a ele; ao invés disso, planejam *tirar* muita coisa dele...".³ É esse "tirar" que leva a uma técnica de indução, uma técnica de eliminação, a *via negativa*.

> A educação do ator no nosso teatro não é uma questão de ensinar-lhe algo: tentamos eliminar a resistência do organismo a esse processo psíquico. O resultado é a liberação do intervalo de tempo entre impulso interior e reação exterior, de maneira que o impulso já seja uma reação exterior. Impulso e ação são concomitantes; o corpo desaparece, queima, e o espectador enxerga apenas uma série de impulsos visíveis.⁴

Ao longo dos vários períodos de sua pesquisa, Grotowski aplicou o princípio da *via negativa*. Independentemente de estar se esforçando em busca de um teatro pobre, de estar no "começo" (Teatro das Fontes) ou na origem irrepresentável (Arte como Veículo), o princípio que guiou seu trabalho foi o processo de eliminar o não essencial para acessar a presença pura. Mas como se faz isso?

---

² Ibidem, p. 185.
³ Ibidem, p. 262.
⁴ Ibidem, p. 16.

É preciso primeiro estabelecer como o ator se relaciona com seu próprio corpo. Para eliminar as resistências do corpo, "o ator deve primeiramente decifrar todos os problemas do corpo acessíveis para ele".[5]

Os exercícios do Teatro Laboratório polonês descritos no *Em Busca de um Teatro Pobre* foram desenvolvidos há mais de trinta anos, por um grupo específico de atores, de uma cultura específica e em lugar e momento específicos. Os atores de hoje possuem necessidades diferentes. A percepção e o conhecimento do corpo humano mudaram nos últimos trinta ou quarenta anos. Pesquisas profundas foram conduzidas na teoria do movimento, no trabalho de voz e no relacionamento corpo-mente (muitas das quais estimuladas pelas investigações de Grotowski). Dispõe-se de muito mais informação agora do que na época em que Grotowski e seus colegas iniciavam suas incursões nos exercícios físicos e vocais para o ator. Grotowski até admitiu, no fim da década de 1990, que era impossível usar com jovens atores, *no Workcenter* na Itália, os mesmos exercícios que utilizava na Polônia. Para superar as resistências, os chamados bloqueios psicofísicos, presentes nos corpos da atualidade, é preciso uma estratégia diferente. A relação individual com o corpo mudou; a predominância de máquinas, computadores e de uma mídia saturada de imagens nas vidas do século XXI cria sua própria pletora de bloqueios psicofísicos. Portanto, em nossas oficinas começamos "a conhecer o corpo" e despertamos uma atenção ativa com exercícios de Mapeamento Corporal e alongamentos de ioga.

Uma nota acerca da vestimenta: para grande parte dos exercícios a seguir, requisita-se aos participantes que trabalhem de pés descalços. Cada participante deve ter roupas específicas para exercícios

---

[5] Ibidem, p. 35.

físicos (de preferência um maiô), trabalho vocal e trabalho criativo. Não misture as roupas de treinamento com as roupas de trabalho criativo. Não cante com as mesmas roupas com as quais se exercita. Cada tipo de exercício requer um tipo específico de vestimenta.

Exercício 4.1: Mapeamento Corporal

Muitas vezes, a forma como imaginamos nosso corpo tem pouco a ver com a realidade de nossa anatomia. Esses equívocos podem criar hábitos físicos que nos impedem de manter "um estado de prontidão inativa, uma disponibilidade passiva, que torna possível um repertório ativo de atuação".[6] Comece perguntando aos participantes algumas coisas básicas acerca dos seus corpos. Onde é o meio do seu corpo? Se toda a sua carne fosse eliminada e sobrasse o esqueleto, se o dobrássemos ao meio, onde ocorreria a dobra? A resposta é na articulação do quadril, mas muitas pessoas acham que o ponto central é a cintura, o umbigo, o esterno ou os ossos da pélvis. A resposta errada claramente demonstra o quanto a pessoa está separada da realidade do seu corpo. Também pode mostrar a área de acúmulo das tensões em excesso no corpo ou outros problemas fisiológicos crônicos. Mais perguntas podem ser formuladas para continuar a sessão de mapeamento:

Onde é o topo da sua coluna? E o fim da sua coluna? Onde é a articulação do quadril, do joelho e do calcanhar? Não em geral, e sim onde, precisamente, está a articulação? Se os dedos estão em uma ponta da estrutura do braço, onde é a outra extremidade? (Dica: a resposta aqui não é o ombro.) Onde se localizam os pulmões? Quanto pesa a sua cabeça?

[6] Ibidem, p. 37.

Grotowski entendia que os atores possuem muitos bloqueios, não apenas físicos, mas em sua atitude diante dos próprios corpos. Ter vergonha do corpo ou ser narcisista indica falta de aceitação do corpo. Você se divide entre "eu" e "meu corpo" e essa atitude cria um sentimento de insegurança, uma falta de confiança no corpo e, portanto, falta de confiança em si mesmo. Ao mapear o seu corpo e despertar uma atenção ativa, o ator começa a conhecê-lo e a se aceitar. "Não confiar no seu corpo significa não ter confiança em si mesmo; estar dividido. Não estar dividido: isso não é apenas a semente da criatividade do ator, mas também a semente da vida, de uma possível inteireza."[7]

A Coluna

O ator que aplica os princípios de Grotowski para treinamento e atuação deve estar atento ao fato de que "toda reação verdadeira se inicia dentro do corpo".[8] Grotowski identificou a origem dessa reação como *la croix* (a cruz), referindo-se à parte do corpo que compreende a parte posterior da coluna vertebral (o cóccix) e a base inteira do tronco, que alcança e inclui o abdômen. Anos depois, Grotowski chamaria essa área de "complexo sacro-pélvico".[9] O uso e desbloqueio dessa área é essencial para um corpo que vive e reage verdadeiramente. No entanto, Grotowski advertiu que a descoberta não pode nunca ser aplicada como receita:

---

[7] Jerzy Grotowski, "Les Exercises". In: *Action Culturelle du Sud-Est*. Supplement 6, p. 6.

[8] Ibidem, p. 7.

[9] Jerzy Grotowski, "Tu es le Fils de Quelqu'un" (1989). Versão inglesa revisada por Jerzy Grotowski. Trad. James Slowiak. In: Richard Schechner e Lisa Wolford (eds.), *The Grotowski Sourcebook*. New York, Routledge, 2001, p. 297.

É lá que os impulsos começam [*la croix*]. Você pode estar relativamente consciente desse fato para assim desbloqueá--la, mas essa não é uma verdade absoluta e não deve ser manipulada durante os exercícios e nunca durante a apresentação. Nosso corpo inteiro é uma grande memória e em nosso corpo-memória originam-se vários pontos de partida. Mas, visto que a base orgânica de reação corporal é, de certa maneira, objetiva, se ela estiver bloqueada durante os exercícios, será bloqueada durante a apresentação e também bloqueará todos os outros pontos de partida do corpo-memória.[10]

Ao longo da pesquisa de Grotowski, foram desenvolvidos exercícios para trabalhar no engajamento do complexo sacro-pélvico e na flexibilidade da coluna vertebral. Dois dos mais importantes exercícios precisam ser mencionados aqui: O Gato e Motions.

Exercício 4.2: O Gato (baseado na descrição de *Em Busca de um Teatro Pobre*)

Este exercício baseia-se na observação de um gato que desperta e se alonga. A pessoa deita-se de bruços, completamente relaxada. As pernas estão abertas e os braços em ângulos retos em relação ao corpo, com as palmas viradas para o chão. O "gato" acorda e você traz as mãos em direção ao peito, mantendo os cotovelos para cima de forma que as palmas da mão formem uma base de apoio. Lentamente, eleva a cabeça, mexendo a coluna de um lado para o outro. Quando tiver alongado no seu limite, eleve os quadris, alongando a coluna com o auxílio de braços

---

[10] Jerzy Grotowski, "Les Exercises". In: *Action Culturelle du Sud-Est*, p. 7.

e pernas. Descreva grandes círculos com a pélvis. Pare os círculos. Mantenha o lado direito do quadril perto do chão, colocando o peso nos braços e na perna direita, e estenda a perna esquerda distante de você, na lateral. Troque de lado e repita o alongamento na perna direita. Retorne ao alongamento da coluna, com o apoio de braços e pernas. Permita em seguida um ativo alongamento pelo topo da cabeça, para iniciar um novo movimento, puxando a cabeça e a coluna em uma longa curvatura em direção ao chão. Peito, abdômen e coxas primeiramente são puxados para o chão, mas, enquanto a cabeça se projeta para a frente e para o alto, a coluna inteira ficará sob o apoio das mãos. O início do movimento pelos olhos e a continuidade desse mesmo movimento são importantes. Na volta, inicie o movimento com o cóccix, em vez de com as coxas, depois o abdômen, e aí movimente o peito perto do chão. Encerre o exercício virando de lado e deitando de costas, relaxando.

Motions

Trata-se de exercícios extremamente exigentes, desenvolvidos no período do Teatro das Fontes e aperfeiçoados no tempo do Objective Drama e da Arte como Veículo. O exercício consiste de uma "posição primal" e de uma série de alongamentos. A posição primal é "a posição do corpo em que a coluna está levemente inclinada e os joelhos levemente dobrados; a posição é sustentada na base do corpo pelo complexo sacro-pélvico...".[11] Thomas Richards descreve a estrutura do exercício da seguinte maneira:

---

[11] Jerzy Grotowski, "Tu es le Fils de Quelqu'un". In: Richard Schechner e Lisa Wolford (eds.), op. cit., p. 297.

Os alongamentos são simples (é possível ver algumas similaridades com hatha ioga, embora sejam diferentes). Existem três ciclos de alongamentos/posições. Cada ciclo é uma posição de alongamento específica, executada quatro vezes, uma vez no sentido de cada uma das direções cardinais, virando de uma direção para a outra na mesma posição. Cada ciclo é separado por um alongamento chamado de nadir/zênite, um rápido alongamento para baixo sucedido por um rápido alongamento para cima.[12]

Mesmo que Motions seja um exercício que pode ser superficialmente aprendido em poucas sessões, seus muitos desafios requerem trabalho sistemático durante um longo período de tempo, sob a condução de alguém que domine o exercício, de forma que seja executado com a consciência de todos os seus níveis. Primeiramente, é um exercício de sincronização de detalhes dentro de um grupo, e de "circulação da atenção", e de "ver". "Você deve ver o que está diante de você e ouvir o que o cerca a cada momento do exercício e, ao mesmo tempo, estar presente em seu próprio corpo: ver o que está vendo e ouvir o que está ouvindo."[13]

É possível afirmar que todos os exercícios baseados nos princípios de Grotowski possuem a intenção de criar essa aceitação específica do presente, esse processo de "não estar dividido". Apesar desse exercício, Motions, necessitar de um condutor que tenha domínio do exercício, é possível abordar a "presença" de formas mais simples. Comece apenas estando no espaço. Não imagine que o espaço é um outro lugar – se é uma sala, você está na sala, e o que está acontecendo, está acontecendo. Este pode ser o ponto de partida para um grande número de exercícios.

[12] Thomas Richards, *At Work with Grotowski on Physical Actions*. London/ New York, Routledge, 1995, p. 54.
[13] Ibidem, p. 55.

A PRESENÇA DO ATOR: VER

Exercício 4.3: Atenção com o Espaço

Comece caminhando pela sala. Primeiramente esteja atento às decisões necessárias para mudar de direção. Continue. Isso despertará o desejo do organismo de se fazer conhecer. Movimento é afirmação. Esteja atento a como está colocando os pés no chão: não deve haver nenhum barulho de passos. Grotowski muitas vezes dizia que a maneira mais fácil de separar um amador de um profissional é pela quantidade de barulho que fazem ao caminhar. Nenhum barulho. Ao tentar não fazer barulho, o ator já está em um estado mais elevado de atenção. Lembre-se de que caminhar é o exercício de mudar o peso de uma perna para a outra. Não repita o mesmo passo mecanicamente. Observe como cada passo é diferente, dependendo do estímulo espacial e das outras pessoas no espaço. Não repita o mesmo padrão no espaço todo o tempo. Veja seus parceiros. Não fixe o seu olhar no chão. Não faça caretas para seus parceiros: sorrisos sociais, flertes e outras máscaras sociais. A cada momento você deve saber onde estão os seus parceiros na sala. Deve navegar entre eles como um capitão guia a sua embarcação na tranquilidade da superfície do oceano, evitando todos os lugares perigosos que ele sabe que estão abaixo da superfície. Tente apenas encontrar um caminhar fácil, leve e livre pela sala. A regra de ouro é sempre ir em direção ao espaço vazio. Sirva a seus parceiros. Dê a eles o espaço de que precisam para trabalhar. Quando o espaço "é controlado", você e seus parceiros terão a sensação clara de serem como andorinhas que voam em grupos de centenas no céu, jamais colidindo.

O Ator como Caçador

Quando o controle do espaço chega a essa qualidade peculiar (não há colisões e o grupo se movimenta como um único organismo), continue a trabalhar para elevar o nível de atenção do grupo, o seu estado de presença como um todo e dos indivíduos. Nesse momento, muitas vezes introduzimos exercícios para um tipo de atenção que chamamos de atenção "horizontal", a qual envolve a fusão entre ação e consciência, elemento básico da experiência do espaço.

Com frequência, ouvem-se diretores e professores gritando "use o espaço". Atores confusos se entreolham, perguntando "O que querem que eu faça?". Antes de os atores usarem o espaço, precisam saber como ter a experiência do espaço. Mas como aprendem isso? Devem ser estimulados a ativar uma atenção periférica ou difusa, que pode ser caracterizada como um estar horizontal na natureza e que requer um nível muito alto de confiança. É um tipo de atenção semelhante à atenção de um caçador:

> O caçador não sabe quando o momento crucial ocorrerá. Ele não olha tranquilo em determinada direção, certo de que a presa se apresentará a ele. O caçador sabe que não sabe o que acontecerá, e este é um dos maiores atrativos de sua ocupação. Ele precisa, portanto, preparar uma atenção de estilo diferente e superior – atenção que não consiste em concentrar-se no presumido, e sim em não presumir nada e em evitar a desatenção. Essa é uma atenção "universal", que não se inscreve em nenhum ponto e tenta estar em todos os pontos. Há um termo magnífico para isso, que conserva todo o sumo da vivacidade e da iminência: o estado de alerta. O caçador é um homem em estado de alerta.[14]

---

[14] José Ortega y Gasset, *Meditations on Hunting*. New York, Scribner, 1972, p. 150.

O ator no teatro de Grotowski é o "homem em estado de alerta".

Exercício 4.4: Os Bastões

Introduza um bastão (do tamanho de um cabo de vassoura ou menor) no exercício anterior, de Controle do Espaço. Sem perder a qualidade da atenção previamente alcançada, faça com que os atores comecem a passar o bastão de um para o outro. Procure o melhor momento para dar e esteja pronto para receber. Não se apegue ao bastão, passe-o o mais rápido possível, já que é como uma batata quente, que pode queimar as mãos. Esteja atento ao peso do bastão. Segure-o sempre pelo centro e mantenha-o na vertical, assim não haverá perigo para os outros. O bastão não deve nunca cair, deve ser sempre dado e recebido. O caminhar acelera-se, passa-se a correr, e o passar do bastão torna-se um fácil "jogar" o bastão. Quando o bastão estiver se movendo rapidamente de mão em mão, pode-se introduzir um outro, até que o número de bastões seja equivalente ao número de atores no espaço.

Quando tudo estiver funcionando bem, introduza a voz. Comece o jogo de contagem. O grupo deve contar de 1 a 20. Apenas uma voz para cada número. Se dois atores falarem o mesmo número simultaneamente, o grupo precisa voltar ao início (p. ex.: 1; 2; 3; 4; 4, volta para o 1). Se um bastão cair no meio da contagem, o grupo também precisará voltar ao início. Quando o grupo chegar ao número 20, um bastão deve ser retirado, e o jogo continua. A corrida só acaba quando todos os bastões forem retirados. O exercício pode vir a ter muitas variações, à medida que o grupo evoluir e se adaptar ao trabalho em conjunto. O exercício apresenta desafios em muitos níveis, não apenas no quesito da atenção, mas também do contato, vigor, ritmo e confiança. É uma maneira simples e imediata de ativar a atenção horizontal e a experiência do espaço.

DESDOMESTICAR

A essa altura, o corpo do ator deve estar mais aberto a estimulações, tanto do exterior quanto da esfera do próprio ser, o chamado mundo interior. Qual é o próximo passo? Em muitos programas de treinamento, os atores começam, então, a aprender algum tipo de técnica: talvez se possa introduzir acrobacia, ou ginástica, ou mímica, ou passos de dança. Grotowski se opunha a esse tipo de treinamento do ator, sentindo que não liberta o corpo, e sim o aprisiona em um número fixo de movimentos e reações. "Se apenas alguns movimentos são aperfeiçoados, todos os outros permanecem sem se desenvolver. O corpo não é libertado, é domesticado (...). O que deve ser feito é libertar o corpo, não apenas treinar certas áreas. Dar ao corpo uma chance. Dar-lhe a possibilidade de viver e de ser radiante, de ser pessoal."[15] Deparamos agora com o princípio que Grotowski denominou "desdomesticar".

> Ao procurar um estado original, temos duas possibilidades. A primeira possibilidade seria por meio de um treinamento, a ser abolido posteriormente. Como na arte do samurai: deve haver primeiro o domínio consciente e, depois, o aprendizado de um reflexo condicionado e finalmente o domínio das habilidades guerreiras. Mas, a partir do ponto em que ele se torna um verdadeiro guerreiro, ele deve esquecer tudo. A segunda possibilidade é pelo desdomesticar.

[15] Jerzy Grotowski, "Les Exercises". In: *Action Culturelle du Sud-Est*, p. 5-6.

> A partir do momento em que nascemos somos domesticados em tudo: como ver, como ouvir, como comer, como beber água, o que é possível e o que é impossível... Então, a segunda possibilidade é desdomesticar a domesticação. Esse é um trabalho muito difícil. Desdomesticar requer um esforço e uma disciplina pessoal bem maiores do que o treinamento.[16]

Para Grotowski, a primeira técnica é compreensível e respeitável. No entanto, acreditava que, em uma sociedade tecnológica, a investigação da segunda técnica, o desdomesticar, cria mais equilíbrio. Os exercícios que ele propunha, mesmo os mais estruturados, tinham como meta o desdomesticar do corpo do ator.

Em 1977, Jacek Zmyslowski liderou um grupo internacional de jovens durante um projeto especial em Wroclaw, o qual veio a ser chamado de *Czuwania* (Vigília). Vigília foi apresentado durante muitos anos, em diversos locais, com a equipe líder e participantes. Zmyslowski estava interessado na relação entre espaço, movimento e corpo. "Nesta ação existe apenas o espaço vazio, as pessoas que chegam, e mais nada. Coisas muito simples acontecem nesse momento, simples no sentido de que todos possuem a capacidade de fazer algo no espaço, nessa sala."[17] O silêncio era outro elemento que complementava a experiência. Nenhuma voz, nenhuma comunicação verbal era necessária para que surgisse a possibilidade de criar relações diferentes com pessoas conhecidas e desconhecidas. "Mas porque é tão simples, às vezes é muito difícil dar o primeiro passo."[18]

---

[16] Jerzy Grotowski citado em Jennifer Kumiega, *The Theatre of Grotowski*. London/New York, Methuen, 1985, p. 228-29.
[17] Jacek Zmyslowski citado em François Kahn, *The Vigil [Czuwanie]* (1997). Trad. Lisa Wolford. In: Richard Schechner e Lisa Wolford (eds.), op. cit., p. 227.
[18] Ibidem.

Como dar o primeiro passo? Essa foi a pergunta que Grotowski tentou responder, junto com Jairo Cuesta, muitos anos depois, na Califórnia, durante o Objective Drama, em 1985. O trabalho começou com a recordação das diferentes estratégias que o grupo *Czuwania* usava com os participantes. Cuesta liderou o grupo de Irvine durante longos períodos de trabalho e finalmente veio à tona uma estrutura que ficou conhecida como Watching.

Exercício 4.5: Watching

À primeira vista, Watching parece o jogo "faça o que seu mestre mandar". Na realidade, porém, a estrutura serve para dar aos participantes a liberdade de seguir seus próprios fluxos, enquanto executam com precisão os aspectos técnicos. Watching funciona como um exercício baseado no *conjunctio-oppositorum* (a conjunção dos opostos), e aqui os opostos são a estrutura e a espontaneidade. Mas Watching também testa a qualidade de atenção do participante. O objetivo básico é ver, como sugere o nome. Você não pode cair no sono. Acorde e veja. Mas veja ativamente, através do movimento.

O lugar ideal para fazer Watching é um espaço aberto ao ar livre ou uma sala vazia, onde haja espaço suficiente para cumprir cada uma das tarefas necessárias. Dependendo do tamanho do espaço, o grupo pode ter de três a mais de vinte integrantes. Nas primeiras experiências, o exercício durava frequentemente três horas ou mais. Atualmente, Watching leva aproximadamente 25 minutos.

Watching consiste de dez diferentes seções. Cada seção tem sua própria dinâmica e duração, e só quando o líder reconhece que o grupo completou a tarefa de cada seção, ele pode passar para a próxima. Watching é uma atividade silenciosa. Nenhum grito, gemido ou verbalização. Nenhum barulho de passos, nenhuma batucada. Nenhuma agitação dos braços, pseudochiliques, acrobacias ou coreografias. Não faça o que você já sabe fazer. Busque aquilo que não sabe fazer.

Para começar, os participantes se posicionam na frente do espaço, em uma fila. Essa posição já é parte do trabalho. Cada pessoa encarna um estado de prontidão.

Seção # 1: Controle do Espaço

Quando o líder entra no espaço, todos os participantes o seguem. O grupo funciona como um só. A tarefa consiste em cada um se colocar no espaço e em relação aos outros participantes de maneira a que a sala fique equilibrada como um todo: nenhum grande espaço vazio, sem aglomerações no centro e na periferia e sem que se forme um grande círculo. Cada participante, com sua própria dinâmica, deve trabalhar em coordenação com o grupo todo para encontrar simultaneamente os respectivos lugares. O próximo passo é ficar de cócoras, em uma posição ativa. A posição é um tipo de agachamento, com mais peso em uma perna do que na outra, para que esta sirva como base no caso de eventual deslocamento. As mãos e os joelhos não devem estar em contato com o chão.

O Controle do Espaço é composto de três momentos:

a. Imobilidade. Ver. Escutar. Estar pronto. Sentir o fluxo de movimento dentro de você e deixá-lo lentamente aparecer. Controlar o espaço apenas com os olhos.

b. Movimento sem deslocamento. Você vê; você escuta. Você abre a atenção para o ambiente, para os outros.

Você realmente conhece este lugar? Realmente enxerga seus parceiros? Pequenos movimentos começam a ser feitos. Você olha para diferentes direções, enxerga tudo sem mudar de lugar e sem ficar em pé. Perceba como seu peso se desloca.

c. Deslocamento no espaço. Mantenha a posição agachada ativa enquanto começa a explorar o espaço à sua volta. Você muda de lugar e reage ao deslocamento dos outros. Lembre-se de controlar o espaço. Sempre sirva ao espaço. Sempre sirva aos seus parceiros. Com o desenvolvimento do exercício, o grupo encontra o momento certo de levantar.

Seção # 2: A Teia

O grupo começa a criar um padrão de teia no espaço. A Teia também consiste de três momentos, contudo, sua duração é muito mais longa:

a. Pulsação – Uma vez em pé, cada participante vai diretamente para a periferia, para formar um círculo bem equilibrado com todo o grupo. O grupo começa a se movimentar conjuntamente e cada indivíduo caminha em linha reta em direção ao centro, onde todos se encontrarão ao mesmo tempo. Depois do encontro, cada pessoa escolhe uma nova direção, que a leva a um novo lugar na periferia. O movimento evolui para uma pulsação do grupo entre a periferia e o centro. O desafio é sempre formar um círculo equilibrado na periferia e sempre se encontrar no centro ao mesmo tempo. Uma linha reta deve ser usada do centro para a periferia e vice-versa. Nunca se permita duvidar ou mudar de ideia quando for para a periferia. Se o espaço não estiver equilibrado nas primeiras tentativas, atenha-se às regras. No andamento do exercício, o grupo descobrirá o grau necessário de coordenação e atenção para manter o círculo na periferia bem feito. Evite colisões. Não se atrase. Trabalhe como um grupo e observe o líder. Não ceda à fadiga. Um alto nível de cumplicidade dentro do grupo fará com que a coordenação funcione. Quando a pulsação acontece em ritmo constante (quase sozinha), o líder sinaliza a mudança para o segundo momento da Teia.

b. Luas Crescentes – O movimento começa a partir da periferia. Sem mudar a dinâmica alcançada nas pulsações, o líder inicia um novo caminho no espaço ao invés de ir em direção ao centro. Movimenta-se em um semicírculo para a direita ou para a esquerda de sua última posição na periferia. O grupo segue, sem nunca parar ou interromper o fluxo, e começa a brincar com o espaço, formando uma série de diferentes órbitas de lua crescente em torno de um único centro. (Nota: não é uma órbita de círculo completo, e sim de semicírculo, que ocorre a diferentes distâncias do centro.) O indivíduo traça um semicírculo no espaço, retornando pelo mesmo caminho ao ponto de partida ou iniciando uma nova órbita, menor ou maior do que a anterior. A mudança contínua de órbitas e direções, usando apenas órbitas semicirculares, cria as linhas horizontais da teia, conectando as linhas verticais, previamente formadas pelas pulsações. Também estabelece um tipo de movimento planetário em torno do centro, em que podemos imaginar cada participante como um diferente planeta, com órbita própria em torno do sol. Quais são os desafios? Nenhuma colisão. Nenhuma linha reta. Equilibre o espaço: as órbitas de lua crescente não devem estar todas perto do centro ou todas na periferia. Jogue: lembre-se de que você está servindo ao espaço; lembre-se de que você está vendo. Quando você deve se movimentar para outra órbita? Em reação a quem? Como o grupo trabalha junto para criar a dinâmica? Após responder a essas perguntas básicas, você pode começar a procurar maneiras mais individuais de se movimentar dentro da estrutura da lua crescente. A mudança para luas crescentes individuais serve como catalisador para a próxima seção. Quando o grupo tiver atingido alto nível de cumplicidade e coordenação, o líder sinaliza a passagem para o terceiro momento da Teia.

c. Dança Silenciosa – O líder deve estar muito atento para decidir quando propor o começo da dança silenciosa. O espaço deve estar bem equilibrado no clímax das luas crescentes, de maneira que, no momento da passagem de uma seção para outra, cada participante se encontre em um lugar diferente no espaço. De novo, atenção para não formarem um círculo ou ficarem todos no centro, etc. A Teia foi construída para que a dança silenciosa acontecesse. A Dança Silenciosa é uma dança simples, em um ponto fixo. Não há mudança de lugar durante a dança silenciosa. Está silêncio, mas todos dançam a mesma música: o sussurro dos passos, os sons da respiração. Os olhos estão abertos. A busca é pela sua própria dança. Procure como você dançava antes de aprender a dançar. Procure pela sua dança infantil, pela sua primeira dança. Você está sozinho e ao mesmo tempo dança com outras pessoas, no mesmo espaço, com a mesma música de silêncio. Não seja pesado. Não se apegue a uma maneira de dançar. Não repita mecanicamente alguns movimentos. Lembre-se de que as perguntas são importantes, não as respostas. As respostas virão no fazer. Siga seu processo. Não pare. Apenas se aprofunde na sua dança.

Quando a Dança Silenciosa chega ao clímax, o líder começa a correr.

Seção # 3: Correr

A partir de onde estiver na Dança Silenciosa, o grupo todo simultaneamente segue o líder e começa a correr em um grande círculo em torno da periferia do espaço. A corrida é no sentido anti-horário, e é corrida, não *cooper*. Os braços estão relaxados. O grupo é como uma tropa de cavalos selvagens correndo juntos. Procure pela cumplicidade dos cavalos selvagens. Nenhum barulho. Nenhum bater dos pés. Nenhum chamado. Nenhuma respiração audível. Às vezes você pode ser a locomotiva para seus parceiros; às vezes você pode estar sozinho e ainda assim em sintonia com os outros. Deixe seu corpo correr. Não o faça correr. Corra com um propósito. Corra em direção a algo ou para longe de alguma coisa importante para você. Você pode ultrapassar os outros, mas exteriorize isso. Caso contrário, apenas corra.

Seção # 4: Nebulosa

Quando a corrida atinge seu ápice e o grupo passa para um segundo ou terceiro fôlego, o caminho circular começa a se movimentar em direção ao centro, até que o grupo esteja correndo com a mesma velocidade e dinâmica em um círculo bem fechado em torno do centro. Nesse momento, a partir da recém-formada nebulosa, ocorre uma explosão que gera estrelas individuais. Estrelas individuais implicam que o círculo de corrida, a nebulosa apertada, se disperse em todas as direções, de maneira que cada participante chegue a um lugar diferente no espaço, equilibrando-o, mais uma vez, e evitando a formação de um círculo. Nesse momento, inicia-se a próxima seção.

Seção # 5: Dança Silenciosa II

A Dança Silenciosa II acontece nos mesmos parâmetros que a primeira. Dessa vez, entretanto, é direcionada para alguém na sala, quase como uma oferenda, uma doação. Não há necessidade de mostrar para quem a dança é direcionada. Apenas ofereça. Esteja atento para não parar o processo. Se a primeira dança silenciosa tratava do contato com o espaço, a Dança Silenciosa II é sobre como entrar em contato com um parceiro a distância. Quando o líder determinar que é o momento, o grupo deve passar para a próxima seção.

Seção # 6: Pulsação II

Pulsação II é tecnicamente idêntica à primeira. A partir das várias localizações da Dança Silenciosa II, o grupo se encontra no centro e depois vai à periferia. O grupo continua a trabalhar as habilidades de atenção, coordenação, equilíbrio do espaço, cumplicidade, silêncio, vigor e harmonia com o ambiente. Contudo, aqui também acontece uma mudança de foco: do espaço para os parceiros. A maior atenção agora se direciona aos outros. O espaço deve cuidar de si mesmo. Esta segunda teia torna-se a preparação para estabelecer contato.

Seção # 7: Luas Crescentes II

Também esta seção é tecnicamente semelhante à sua primeira versão. Pulsação II e Luas Crescentes II completam a segunda teia, de maneira que o espaço se reorganize para que o contato possa ocorrer. Durante as luas crescentes individuais, em que se busca uma forma mais improvisada de fazer os padrões de semicírculos, o foco é direcionado para os outros, caçando a possibilidade de um encontro. Esse encontro é a essência da próxima seção.

Seção # 8: Conexão-Desconexão

Conexão-Desconexão é a sessão mais desafiadora do Watching. Tudo o que foi realizado até agora no exercício leva a este momento. Nesta seção, você encontra um parceiro e inicia uma conexão a dois. Quando o líder começa a se conectar com alguém, o grupo está livre para abandonar os padrões de lua crescente e se movimentar em relação ao que está acontecendo no espaço. Mas como se inicia uma conexão? A conexão não pode ser imposta por alguém. O contato pode ser estabelecido através de um olhar ou talvez através de um momento de movimento coordenado ou de uma clara relação espacial. Você nem mesmo "procura" uma conexão. Muitas vezes, ela simplesmente acontece. Quando você se encontra em conexão com outra pessoa, não comece a fazer movimentos frenéticos. Olhem-se. Aproximem-se. E comecem a "falar" um para o outro através dos movimentos. Mas nada de conversas triviais: revele algo acerca de si mesmo e procure descobrir algo a respeito de seu parceiro. A conexão não é uma dança de boate, nem um exercício de espelho. Cada um terá uma maneira própria, através do movimento, por meio da qual tentará contatar o parceiro. Através da dança você tentará descobrir quem é o seu parceiro e o seu parceiro tentará descobrir quem é você. Dance essa descoberta. Saboreie esse diálogo. Veja algo no seu parceiro que você nunca tenha visto. Conte um segredo. E, no clímax da conexão, você se desconecta. A desconexão é o momento mais importante da conexão--desconexão. Encontre a maneira certa de se separar, de deixar a conexão e encerrar o encontro. Cuidado para não fazer isso muito cedo, antes de algo acontecer, e nem deixe tempo demais depois que algo acontece. Não se apegue à conexão. Não se apegue ao parceiro. O elã da desconexão remete a dois cavalos selvagens separando-se após uma alegre brincadeira. Você retoma o controle do espaço e talvez se prepare para outra conexão-desconexão.

Algumas outras coisas para lembrar: uma conexão só pode ocorrer entre duas pessoas, nunca entre três ou mais. Os participantes não se tocam, não param e não há verbalização. Sua conexão não deve perturbar as conexões de outras pessoas. Você não deve se intrometer no espaço do outro. Mesmo que você esteja conectado, não perde a atenção do resto do grupo ou do que acontece no espaço. Você deve manter-se sempre vigilante. Se não se envolver em uma conexão, concentre-se no controle do espaço.

O líder sinaliza discretamente a passagem para a próxima seção.

Seção # 9: A Espiral

No fim da Conexão-Desconexão, a dinâmica do movimento do grupo evolui para uma lenta caminhada. A mudança marca o início da Espiral, que se refere a uma dinâmica que aumenta e diminui. Não descreve uma maneira de se movimentar ou um padrão no espaço. No começo, o grupo se movimenta lentamente, aumentando um passo de cada vez para um clímax de velocidade e dinamismo. Assim que o clímax for alcançado, o grupo começa a descida e termina em um movimento de dinâmica lenta. O desafio mais uma vez se encontra no controle do espaço (sem colisões), na coordenação e na cumplicidade dentro do grupo. Quando a dinâmica do grupo atinge um movimento extremamente lento, passa-se para a próxima seção.

Seção # 10: Controle do Espaço II

O grupo desce para a posição ativa de agachamento com que começou o exercício e reverte a ordem da seção anterior de controle do espaço.

a. Controle do espaço com deslocamento.
b. Controle do espaço com movimento, sem deslocamento.
c. Imobilidade.

Quando a imobilidade for atingida, o grupo se levanta e deixa o espaço. Watching finalizou.

Watching envolve muitos princípios concernentes ao trabalho individual e de grupo. Quando o exercício se repete, os hábitos de movimento do ator e os obstáculos psicofísicos tornam-se aparentes imediatamente. Os atores que trabalham sem consideração pelos outros ou que sempre tentam estar em destaque ficam expostos. A caixa de truques do ator não funciona no Watching. Não é uma improvisação (no sentido usual da palavra). Não é uma licença para a livre expressão ou o bombeamento das emoções. É uma estrutura que busca um movimento orgânico verdadeiro e encontros puros e honestos entre os parceiros. Outros exercícios também trabalham no sentido desse tipo de organicidade e desdomesticação. Alguns envolvem elementos técnicos mais precisos do que Watching e devem ser trabalhados durante longo período de tempo. Entre eles estão os Plásticos e os Físicos, dois treinamentos distintos desenvolvidos durante os dez primeiros anos da pesquisa de Grotowski acerca do artesanato do ator (Figura 4.1).

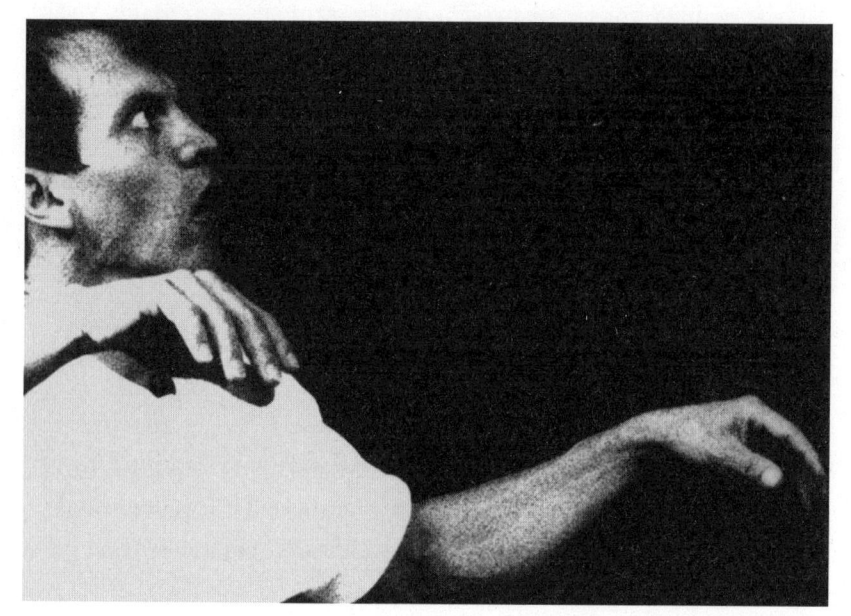

Figura 4.1 – Jairo Cuesta treinando (2003). Fotografia de Marino Colucci.

PRECISÃO

Os Plásticos e os Físicos, exercícios famosos no mundo todo e que criaram a reputação do Teatro Laboratório, são descritos no livro *Em Busca de um Teatro Pobre*. Delinearemos aqui alguns dos importantes princípios que governam estes, agora clássicos, exercícios e mostraremos como um artista pode usar esses princípios para construir sua própria sequência individual de exercícios ou estrutura de treinamento.

No artigo "Exercícios", Grotowski resume suas conclusões sobre o treinamento físico do ator:

> Acredito que em todos os problemas com os exercícios o mal-entendido resulta de um erro inicial que acredita que desenvolver diferentes partes do corpo tornará o ator livre e libertará sua expressão. Simplesmente não é verdade. Você não deve "treinar" e, por isso, até mesmo a palavra "treinar" é incorreta. Você não deve treinar, não à maneira da ginástica ou da acrobacia, nem com a dança ou com gestos. Ao invés disso, trabalhando fora dos ensaios, você deve confrontar o ator com as sementes de criatividade.[19]

Os Plásticos foram desenvolvidos a partir de sistemas bem conhecidos, como aqueles de Delsarte, Dalcroze, a pantomima europeia e outros.

> FRANÇOIS DELSARTE (1811-1871) – Professor francês de teatro e canto que enfatizou a conexão entre estado físico e atitude mental/emocional. Suas descobertas foram codificadas em um sistema de gestos para o uso de atores e bailarinos.

> ÉMILE JACQUES-DALCROZE (1865-1950) – Músico e educador suíço que desenvolveu a euritmia, método que incorpora movimentos corporais ao aprendizado da música.

Exercícios plásticos trabalham tradicionalmente com a habilidade do ator de criar formas. Às vezes, são chamados de

---

[19] Jerzy Grotowski, "Les Exercises". In: *Action Culturelle du Sud-Est*, p. 6.

exercícios "gestuais". Entretanto, Grotowski e seus colegas encaravam esses exercícios plásticos como um *conjunctio-oppositorum* entre estrutura e espontaneidade. Ele e seus atores isolaram um determinado número de exercícios plásticos, a partir desses vários sistemas, que dessem "a possibilidade de uma reação orgânica, enraizada no corpo e que encontra sua completude em detalhes precisos".[20] Esses detalhes eram fixados e memorizados pelos atores até que fossem capazes de executá-los com precisão, sem pensar sobre eles. A tarefa então se tornava descobrir os impulsos pessoais capazes de transformar os detalhes – transformá-los, mas não destruí-los. "A questão é essa: como começar improvisando apenas a ordem dos detalhes, improvisando o ritmo dos detalhes já fixados, e, então, mudar a ordem e o ritmo, e até mesmo a composição dos detalhes, não de forma premeditada, mas com o fluxo ditado pelos nossos próprios corpos?"[21]

O processo de criar um exercício pode iniciar-se com qualquer quantidade de formas fixas. Nos Plásticos, Grotowski chamou essas formas de "detalhes". O processo pode começar a partir de outros pontos, com um conjunto de detalhes completamente diferente. Não importando a maneira como se inicia, ocorre um longo período de seleção, quando se eliminam formas e detalhes demasiadamente artificiais ou estéticos, ou que impedem o fluxo de impulsos e da vida do corpo.

Os exercícios Físicos foram desenvolvidos de modo bastante semelhante, apenas o ponto de partida era outro: diversos *ásanas* (principalmente as posturas invertidas) do hatha ioga. Os exercícios Físicos atuam como uma espécie de desafio à natureza individual. Devem parecer quase impossíveis de realizar e, ao mesmo

---

[20] Ibidem, p. 8.
[21] Ibidem, p. 7.

tempo, possíveis. Também aqui havia um longo período de seleção natural, enquanto Grotowski refinava os elementos concretos dos exercícios Físicos. Ele sempre enfatizava a importância de fundamentos claros, do domínio preciso das formas antes de começar a variar os exercícios.

Apenas depois desse período de vivência poder-se-ia começar a improvisar e buscar outra coisa, sempre mantendo os elementos concretos e a precisão dos exercícios Plásticos. "Nos exercícios Físicos, é preciso manter os elementos concretos, assim como se mantém a precisão nos exercícios Plásticos. Sem a concretude, a trapaça começa, os movimentos caóticos, os rolamentos no chão, as convulsões, e tudo isso é feito com a convicção de que estes são exercícios."[22] A chave nos Físicos é "não se impedir" de fazer os exercícios. Deixe a sua natureza guiar você. O equilíbrio se torna um sintoma de crença primitiva e de confiança no seu próprio corpo. Novamente: não estar dividido. Você desafia a si mesmo e supera a si mesmo.

> Se você não se recusa, então, a superar a si mesmo, você descobre uma certa confiança. Você começa a viver. Então, o corpo-memória dita o ritmo, a ordem dos elementos, suas transformações, mas os elementos permanecem concretos. Não se transformam em plasma. Aqui, não se trata da precisão exterior que existe nos detalhes dos exercícios plásticos, mas os elementos estão presentes e não determinamos a nós mesmos, durante as evoluções, a pulsação natural. "Isso" determina a si mesmo, "isso" faz por si mesmo. No fim, os conteúdos vivos do nosso passado (ou futuro?) começam a intervir. Então é difícil dizer se se trata de exercícios ou muito mais de um tipo de improvisação; pode ser o nosso

[22] Ibidem, p. 10.

contato com o outro, com os outros, com a nossa vida se realizando a si mesma, encarnando a si mesma nas evoluções do corpo. Se o corpo-vida deseja nos guiar em outra direção, podemos ser os seres, o espaço, a paisagem que reside dentro de nós, a luz, a ausência de luz, o espaço aberto ou fechado – sem nenhum cálculo. Tudo começa a ser corpo-vida.[23]

O ator não pergunta: "Como posso fazer isso?". Ao contrário, deve saber o que não fazer, o que o impede de realizar o exercício. Cada exercício se adapta ao indivíduo enquanto ele busca soluções para eliminar os vários obstáculos, bloqueios musculares, medos ou outros impedimentos pessoais. Ao seguir esses princípios, sem meramente imitar os exercícios do Teatro Laboratório polonês, qualquer grupo pode criar a sua própria sequência de exercícios (Figura 4.2).

Figura 4.2 – Demonstração de treinamento do NWPL. Polônia (2002). Fotografia de Douglas-Scott Goheen.

[23] Ibidem, p. 11.

Exercício 4.6: A Sequência do Exercício Físico (Treinamento)

Comece pedindo a cada participante que selecione de seis a nove exercícios que desafiem suas vulnerabilidades físicas ou bloqueios. Você pode dividir as vulnerabilidades da seguinte maneira: flexibilidade, força, equilíbrio, plasticidade (a habilidade de sustentar formas) e vigor. Os exercícios podem ser provenientes de qualquer fonte. Assim como Grotowski trabalhava com hatha ioga e vários sistemas de exercícios plásticos, nós desenvolvemos sequências de treinamento baseadas em exercícios oriundos das artes marciais, do tai chi ou da ginástica, como abdominais e flexões. Assim que os participantes selecionarem, memorizarem e refinarem os exercícios específicos, eles podem transformar cada exercício para que fique dinâmico e pessoal. Isso pode ser feito colocando-se primeiramente os exercícios em uma sequência e realizando-os em um fluxo ininterrupto. Faça repetições apenas se forem intencionais. Nada deve ser mecânico. Improvise com o espaço e com a ordem dos exercícios. Por exemplo, cada exercício deve ser feito em um lugar diferente no espaço. A passagem de um exercício para o outro deve ser dinâmica e criar um fluxo para toda a sequência. Trabalhe com um parceiro. Mude o ritmo e a qualidade de cada exercício em relação aos outros presentes no espaço, em relação a um parceiro invisível, ao que você ouve, a uma memória ou até mesmo a uma imagem fantástica. "Um bom estímulo é qualquer coisa que o coloque em ação com tudo que você é e um mau estímulo é aquele que divide você em corpo e mente."[24]

---

[24] Jerzy Grotowski, "Ce qui Fut". In: *"Jour Saint" et Autres Textes*. Paris, Gallimard, 1974, p. 50. Transcrição do autor.

A sequência de exercícios físicos deve funcionar como um tipo de tai chi pessoal: uma estrutura precisa que desafia a natureza do ator e ao mesmo tempo o mantém disciplinado, coerente com o que está fazendo. Determine o que não fazer. Elimine qualquer coisa que interferir: peso, fadiga, coreografia, trapaças, repetição sem sentido, formas bonitas, gestos, atletismo, vagar no espaço, olhar fixo, apego a um elemento, fazer algo pela metade. Mas saiba sempre o que está fazendo, no que está trabalhando.

> Gradualmente, chegamos ao que chamamos de "acrobacia orgânica", determinada por certas regiões do corpo-memória, por certas intuições do corpo-vida. Cada um dá à luz à sua maneira e é aceito pelos outros à maneira deles. Como crianças que buscam como ser livres, como se libertar dos limites do espaço e da gravidade. E não através de cálculo. Mas não fingimos ser crianças, porque não somos crianças. Ainda assim é possível reencontrarmos fontes análogas ou, talvez, até mesmo as mesmas fontes, e, sem dar as costas para a criança dentro de nós, podemos buscar aquela "acrobacia orgânica" (que não é acrobacia), que é individual e que se refere a necessidades vivas luminosas; isso é possível se não tivermos ainda começado a morrer, pouco a pouco, por renunciarmos ao desafio de nossa própria natureza.[25]

Grotowski era contra exercícios para autoaperfeiçoamento. Afirmou diversas vezes que musculação ou exercícios feitos meramente com fins estéticos ou para atingir um ideal de perfeição eram apenas mais um modo de evasão.

---

[25] Jerzy Grotowski, "Les Exercises". In: *Action Culturelle du Sud-Est*, p. 11.

"Se pensarmos em categorias de perfeição, aperfeiçoamento, desenvolvimento pessoal, etc., nós reafirmamos a indiferença ao hoje. E o que isso significa? O desejo de evitar o Ato, de escapar daquilo que deve ser realizado agora, hoje."[26] No mundo de Grotowski, não há lugar para se esconder. Em nosso trabalho com o New World Performance Laboratory, desenvolvemos diversos exercícios de coordenação e ritmo que auxiliam a atingir um estado no qual você não pode se esconder.

COORDENAÇÃO E RITMO

Em anos posteriores, Grotowski comentou que o melhor treinamento para o ator poderia ser alguma forma de arte marcial. Considerou que nesse tipo de exercício de combate os resultados são sempre tangíveis. Se você não executa o movimento certo, leva um chute. O exercício conhecido como Quatro Cantos pertence a essa família de exercícios em que os resultados são claros para os participantes. Quatro Cantos engaja todos os seus sentidos de tal maneira que você prontamente estabelece uma extraordinária coordenação com seus parceiros.

Em 1989, como parte do projeto *Performance Ecology*, do New World Performance Laboratory (NWPL), encontramo-nos tentando continuar o trabalho a partir das possibilidades abertas pelo princípio *conjunctio-oppositorum* de Grotowski. Começamos a trabalhar com base em exercícios de Delsarte sobre sucessão, oposição e paralelismo e com as suas diferentes Leis do Movimento. Além disso, exploramos os exercícios de euritmia de Dalcroze. Finalmente, buscamos inspiração na peça

[26] Ibidem, p. 12.

de Samuel Beckett, *Quad*. Descobrimos que a estrutura espacial e rítmica da peça fornecia a ferramenta para continuarmos nossa própria pesquisa.

Embora o exercício pegue emprestado alguns elementos estruturais da peça de Beckett, Quatro Cantos não é em nenhum sentido um espetáculo baseado em *Quad*. O exercício é de movimento, em que quatro participantes são desafiados a realizar uma coordenação conjunta espacial e ritmicamente perfeita entre eles, enquanto cada um busca seu próprio processo interno. É um jogo em que a tensão entre desafio e habilidade é harmoniosa e contínua.

Exercício 4.7: Quatro Cantos

Os quatro participantes formam um quadrado amplo, de cerca de 4,5 m x 4,5 m. Cada canto é a casa, e a entrada para o quadrado de um participante. Os cantos (C) recebem números (n): Cn1, Cn2, Cn3 e Cn4. Canto 1 é esquerda inferior; Canto 2, esquerda superior; Canto 3, direita inferior; e Canto 4, direita superior. Os participantes recebem o número do seu canto: #1, #2, #3 e #4.
Começamos aprendendo o padrão básico: um caminho que leva cada participante pelas laterais e diagonais do quadrado.

O caminho para #1 será do Cn1 ao Cn3, depois uma diagonal em direção ao Cn2 para o Cn1, depois uma diagonal para Cn4. A partir daí, para o Cn2, seguindo-se uma diagonal para Cn3. Do Cn3 ao Cn4 e uma nova diagonal de volta para o Cn1.
O caminho para #2 seguirá o mesmo padrão básico: Cn2, Cn1, Cn4, Cn2, Cn3, Cn4, Cn1, Cn3, Cn2.

O caminho para #3 será: Cn3, Cn4, Cn1, Cn3, Cn2, Cn1, Cn4, Cn2, Cn3.
O caminho para #4 será: Cn4, Cn2, Cn3, Cn4, Cn1, Cn3, Cn2, Cn1, Cn4.

Quando os participantes estiverem familiarizados com seus caminhos, começarão a trabalhar juntos. A estrutura é formada por quatro ciclos, cada um deles composto por seis fases: solo, duo, trio, quarteto, trio e duo.
#1 começa realizando seu percurso sozinho – o solo do Ciclo I. Ao chegar na "casa", continua seu caminho, mas agora num duo com #3. Inicia-se o trabalho de coordenação. Os dois participantes precisam trabalhar juntos, mantendo cada um suas respectivas maneiras de caminhar, correr ou dançar e, ao mesmo tempo, atingir juntos os cantos e o centro de modo sincronizado.
Deve-se dedicar atenção especial à maneira de negociar o encontro no centro. No caminho diagonal, você deve sempre manter a sua direita, de forma que não haja colisão com seu parceiro. O desafio é encontrar uma maneira de estar no centro no mesmo momento que seu parceiro. Não evite o centro, trabalhe em coordenação com seus parceiros para experimentar o risco do encontro no centro.
Quando o encontro é perpendicular, observe a seguinte regra: sempre permita que a pessoa que se aproxima de você pela direita passe na sua frente. E, quando você estiver em um trio ou quarteto, acrescente outra regra: sempre passe na frente da pessoa que vem da esquerda. Mas lembre-se: todos devem passar pelo centro ao mesmo tempo, o mais perto possível uns dos outros.

O Ciclo I continua. Quando #1 e #3 chegam em casa, #4 se reúne a eles e começa o trio do Ciclo I. Quando novamente chegam em casa, o #2 se reúne a eles e começa o quarteto do Ciclo I. Quando todos chegam em casa, o #1 sai e cria-se um trio, envolvendo #3, #4 e #2. Em sua casa, #3 sai e #4 e #2 formam um duo. Isso se repete, #4 sai, deixando #2 para fazer um solo e, assim, começar o Ciclo II.

Começa então o Ciclo II, que segue a mesma estrutura geral. Após um solo de #2, entra #1. Depois do duo, entra #4. Depois do trio, entra #3. Depois do quarteto, sai #2. Depois do trio, sai #1. Depois do duo, sai #4, deixando #3 sozinho para fazer um solo e começar o Ciclo III.

Começa o Ciclo III: solo de #3; entra #2 para o duo; entra #1 para o trio; entra #4 para o quarteto. Sai #3, sai #2, sai #1. #4 começa um solo que inicia o Ciclo IV.

Ciclo IV: solo de #4; entra #3 para o duo; entra #2 para o trio; entra #1 para o quarteto. A saída acontece na seguinte ordem: #4, #3, #2 e fica #1 para fazer um solo e terminar o exercício ou recomeçar a estrutura.

É importante que a equipe encontre cumplicidade no começo do exercício. Uma dança solo realizada em um canto pode preparar a equipe antes do começo oficial do exercício (Figura 4.3). A dança pode direcionar você ao longo de toda a estrutura. Você pode voltar para a sua dança enquanto aguarda sua próxima entrada. Sua dança funciona como estímulo para os parceiros e, ao mesmo tempo, ajuda você a se manter ativo e presente. Quando a estrutura for cumprida, a equipe encontra uma maneira de chegar a um fim através da dança solo.

Figura 4.3 – Demonstração de Quatro Cantos. Itália (1989).
Fotografia de Deanna Frosini.

A VOZ DO ATOR: ESCUTAR

O princípio básico de Grotowski para o trabalho de voz é: primeiro o corpo e depois voz. "A falha mais elementar e que mais urgentemente precisa de correção é o forçar da voz, porque o sujeito se esquece de falar com o corpo."[27] A voz é uma extensão do corpo.

É como um apêndice, não é um organismo separado. A voz se estende para o exterior. É uma força material (vibração), que pode até tocar as coisas. A voz pode acariciar, apunhalar, beliscar e fazer cócegas. Trabalhar com a voz como se fosse algo separado do corpo afasta o ator de seu estado de organicidade.

Foi no campo do trabalho de voz que Grotowski fez muitas de suas maiores contribuições para as técnicas de treinamento do ator. De acordo com Jennifer Kumiega, no âmbito dos exercícios físicos do Teatro Laboratório, há poucos resultados objetivos que podem ser transmitidos, mas "tem havido resultados objetivos valiosos nas áreas da respiração e do treinamento vocal".[28] Muitos desses resultados parecem apenas questão de bom senso. Por exemplo, Grotowski identificou duas condições necessárias para o bom poder da condução vocal:

1. A coluna de ar que leva o som deve sair com força e não deve encontrar obstáculos (p. ex.: laringe fechada ou abertura insuficiente do maxilar).

2. O som deve ser amplificado pelos ressonadores fisiológicos.[29]

No artigo "Voz", Grotowski descreve alguns dos resultados objetivos e as muitas estradas percorridas para descobrir os

---

[27] Jerzy Grotowski, *Towards a Poor Theatre*, p. 185.
[28] Jennifer Kumiega, op. cit., p. 112.
[29] Jerzy Grotowski, *Towards a Poor Theatre*, p. 147.

segredos dos ressonadores vocais e de como trabalhar a voz de maneira orgânica e criativa.

Respiração

Grotowski e seus atores reconheceram três tipos de respiração:

1. Respiração torácica superior ou respiração peitoral, predominante entre mulheres europeias e americanas graças a tradições culturais de vestimenta (espartilhos e sutiãs) e comportamentos socialmente aprendidos;

2. Respiração abdominal, que emprega o uso do diafragma como principal característica e permite que o abdômen e as costelas inferiores se expandam (esse tipo de respiração é mais comumente ensinado e praticado em escolas de teatro e programas de treinamento de atores); e

3. Respiração total, que começa no abdômen e depois sutilmente emprega o peito em um segundo nível. Grotowski observou que esse tipo de respiração é mais frequentemente encontrado em bebês e animais e é o mais saudável e funcional dos três.

A despeito de sua crença na naturalidade da respiração total, Grotowski acreditava que nenhuma técnica de respiração pudesse ser aplicada de forma geral. Alguns dos atores eram incapazes de respiração abdominal, e ele censurava os professores que ensinavam a maneira "correta" ou "normal" de respirar. Acreditava que não havia uma "maneira certa" de respirar e que se deveria intervir na respiração apenas quando houvesse um problema claro, porque qualquer intervenção poderia prejudicar o processo orgânico do ator. "Você deve observar o que está acontecendo – se o ator não tem dificuldade com o ar, se inala quantidade suficiente de ar quando atua, você não deve intervir.[30] Sentia também que certos exercícios vocais e exercícios de escola de teatro mais prejudicavam do que ensinavam a eliminar bloqueios vocais e resolver problemas respiratórios. Por exemplo, exercícios para tentar obter longas expirações, como fazer um longo discurso de um só fôlego ou, sem respirar, contar até cem, servem apenas para fechar a laringe. O ator vai bem enquanto é fácil; depois, quando se torna mais difícil, tenta conservar o ar e inconscientemente fecha a laringe. Assim, está apenas aprendendo como fechar a laringe, e não como libertar a voz em um fluxo livre e consistente de ar.

Exercícios que enfatizam as consoantes também criam problemas. Exercícios vocais devem enfatizar as vogais, pois, assim, a laringe permanece aberta. Deve-se treinar as consoantes para se obter uma articulação correta, e isso deve ser feito colocando-se uma vogal antes e depois delas: "ada-ada-ada", e não "d-d-d-d". Outros problemas podem acontecer: atores que prendem a respiração durante a atividade física ou respiram e se movimentam no mesmo ritmo. Se esses problemas são observados no treinamento, é bem provável que aconteçam durante a apresentação. O instrutor ou diretor deve apontar o problema para o ator e ficar atento para não intervir, tentando coordenar os movimentos com a respiração ou usando qualquer técnica respiratória.

Exercício 4.8: Exercícios Respiratórios

O desafio de qualquer exercício respiratório é encontrar e criar uma solução em que o ator descubra seu processo desbloqueado de respiração. Um exercício simples é colocar o

---

[30] Jerzy Grotowski, "La Voix". In: *Le Theatre*, 1, p. 90.

ator deitado no chão, de barriga para cima, e vê-lo respirar. Só isso. Observe seu corpo e, se o abdômen não estiver se movimentando, a respiração não é total. Depois diga a ele quando ele começar a respirar totalmente. Use frases negativas, ao invés de positivas. Diga "Agora você não está bloqueando o fluxo", ao invés de "Agora você está respirando corretamente, antes respirava errado". Se o ator pensa que há uma maneira correta de respirar, tentará intervir conscientemente e bloqueará o processo, por isso a linguagem é importante. Se um ator tampa uma narina para inspirar e depois tampa a outra para expirar, o exercício pode mostrar a ele como descobrir a sua própria respiração. No entanto, o instrutor deve estar atento, porque o ator pode simular a respiração total ou abdominal manipulando os músculos abdominais. Se o ator estiver inspirando com o uso do diafragma, as costelas inferiores se abrirão, dos lados e nas costas. O movimento é perceptível ao toque e é bem mais difícil de forjar do que o movimento dos músculos abdominais. Grotowski também sugere colocar o ator em posições que são fisicamente difíceis e que exigem sua atenção: fazê-lo apoiar-se sobre a cabeça, por exemplo. Também é possível cansar o ator fisicamente, com exercícios, até que ele atinja um estado de fadiga. Nesses casos, sua atenção estará em outro lugar, e ele não mais interferirá em seu processo respiratório orgânico.

Grotowski enfatiza que não se deve buscar um modelo ideal de respiração, a maneira correta de respirar, e sim buscar a maneira de abrir a respiração natural de cada um:

> Mais uma vez vou repetir que você deve esperar: não intervenha com rapidez, espere e, ao invés disso, busque como libertar o processo orgânico através da ação.

Porque nesse caso – quase por si mesma – a respiração também se libertará e o ator não terá interferido, controlado ou bloqueado sua respiração.[31]

A respiração é individual. Cada ator tem seus próprios bloqueios e desinibições, a respiração total é diferente para cada pessoa. A diferença – não importa quão pequena – é essencial quando se trata de naturalidade.

Os Ressonadores

A maior aventura do trabalho de Grotowski com a voz foi a descoberta de diferentes ressonadores. Muitos professores de voz falam apenas sobre dois ressonadores: a cabeça (ou máscara) e os ressonadores do peito. Grotowski, no entanto, identificou no mínimo 24 diferentes ressonadores no corpo. Percebia que limitar a voz a ressonadores clássicos levava a uma "típica" voz de ator e a um som afetado, canastrão. Observou que diferentes línguas usam diferentes ressonadores. O som agudo, em determinados dialetos chineses, emana da articulação occipital na nuca. Certas línguas eslavas usam a barriga como ressonador. Os alemães usam os dentes. Pode parecer ingênuo, mas se a voz é direcionada para esses diferentes pontos do corpo, uma vibração de fato ocorre naquela região e a qualidade da voz muda. A coluna pode se tornar um ressonador, e até mesmo partes diferentes da coluna – superior, central, inferior. O som pode ser direcionado para a laringe, como na maneira de cantar de Louis Armstrong. Uma vez que o ator tenha aprendido a usar todos esses diferentes ressonadores separadamente, pode buscar a vibração do corpo inteiro. Enquanto Grotowski e seus atores procuravam os diferentes

---

[31] Ibidem, p. 95.

ressonadores e faziam diversas combinações entre eles, o velho problema voltou a ocorrer. A voz do ator começou a ficar forçada e mecânica. Os atores escutavam a si mesmos e colocavam atenção demais no próprio instrumento vocal.

Grotowski insistia que um ator nunca deve observar a própria voz. Se, enquanto trabalha, colocar a atenção no seu instrumento vocal, começará a se escutar. Talvez goste do que está ouvindo, ou comece a duvidar de si mesmo. De qualquer maneira, quando ele escuta a si próprio, sua laringe fecha, não completamente, mas há um semicerramento. O fechamento faz com que ele brigue pela abertura e comece a forçar a voz, ficando rouco. Se o ator viola o instrumento vocal, pode ter, a longo prazo, problemas fisiológicos, como nódulos vocais ou laringite crônica. É preciso evitar, a cada passo do trabalho de voz, observar o próprio instrumento vocal e interferir no processo orgânico. Grotowski e seus atores desenvolviam diferentes exercícios e faziam várias descobertas, mas tinham que lembrar constantemente desse erro, muito comum. Quando o ator começa a observar seu instrumento, a voz se torna forçada e mecânica, o processo orgânico é destruído e os problemas podem se agravar. Grotowski evitava o problema trabalhando com o eco do ator.

> Observei que, se você quisesse criar um eco exterior, podia colocar os ressonadores em ação sem qualquer pensamento prévio. Se você começa a falar em direção ao teto, nesse momento, o vibrador do crânio se liberta. Mas não deve ser uma ação subjetiva. O eco deve ser objetivo. Você deve ouvir o eco. Nesse caso, nossa atitude, nossa atenção, não estão orientadas para nós mesmos, e sim para fora.[32]

---

[32] Ibidem, p. 119-20.

Grotowski então começou a estimular o ator a partir do exterior, persuadindo-o a se engajar no diálogo com o teto (para o ressonador occipital), com a parede (para o peito ou ressonador da coluna) e com o chão (para o ressonador do estômago). Ele procurou por diferentes associações de espaço e animais, relacionamentos e ambiente. Decidiu que a voz deve sempre estar buscando contato, dirigir-se para um lugar preciso no espaço e escutar o *feedback*, para assim se ajustar e estabelecer um novo contato.

Exercício 4.9: Brincando com a Voz

O ator deve começar a cantar uma música ou recitar algum texto bem decorado. Muitas vezes, uma rima popular da infância funciona bem. Enquanto guia o ator pela sala, peça que ele comece um diálogo com a parede, usando o texto ou a música, escutando o eco e respondendo com o texto. É como se a boca estivesse no topo da cabeça, que não está inclinada para trás, e sim para frente: o ator está realmente tentando estabelecer contato com o teto a partir do alto da cabeça. Em seguida, improvisa-se um diálogo com a parede. A voz se origina no peito e se estende a partir dele. "Sua boca está no seu peito!" O eco é a resposta. Deve ser ouvido, e você deve reagir a ele com o corpo inteiro. O ator agora busca contato com o chão. "Sua boca está no seu estômago! Você é como uma vaca gorda e preguiçosa. Não! Não de quatro. De pé! Deixe que seu estômago fique solto. Direcione a sua voz para o chão, entre suas pernas. Ouça o eco! Reaja! Ajuste! Faça disso uma conversa, um diálogo!"

O ciclo de exercícios utiliza:

- Uma voz na cabeça (em direção ao teto).

- Uma voz na boca (como se o ator falasse para o ar à sua frente).
- Uma voz occipital (em direção à parede atrás do ator).
- Uma voz no peito (projetada em direção à parede na frente do ator).
- Uma voz no estômago (em direção ao chão).
- As omoplatas (em direção ao teto atrás do ator).
- O meio da coluna (em direção à parede atrás do ator).
- A região lombar (em direção ao chão, à parede e à sala, atrás do ator).

O instrutor pode estimular o corpo do ator tocando ou massageando as regiões trabalhadas e libertando os impulsos que conduzem a voz. Sempre tenha cuidado para não tocar de forma invasiva. O exercício deve ser rápido. Nenhum tempo para pensar. O corpo inteiro (tanto do ator quanto do instrutor) deve estar sempre engajado e o eco deve ser acompanhado a cada vez.

Assim que os ressonadores forem identificados e utilizados, um tipo diferente de jogo pode começar, através de associações. O jogo deve usar memórias, imaginação, relações com parceiros de vida e parceiros atores. "Imagine que você está dançando em uma chuva morna e primaveril. Cante para a chuva. Agora deite no chão. O sol bate em seu peito. É morno e envolve todo o seu corpo. Cante para o sol. Segure-se como um bebê, embalando-se. Cante uma canção de ninar para si mesmo. Agora cante para o seu amante. Ele coloca a mão na sua cabeça. Está tocando o seu peito." Assim, pouco a pouco, os impulsos do ator são libertados e a voz emerge naturalmente do corpo, sem esforço, sem qualquer artificialidade. Não deve haver berro ou grito, nenhuma repetição automática de palavras ou frases, nenhum movimento planejado ou coreografado. O ator deve confiar implicitamente no instrutor e se permitir ser guiado para o desconhecido. E sempre cantar em direção ao exterior, cantar para estabelecer contato. Ouvir o eco, para perceber se o contato foi realizado e, então, ajustar e cantar novamente. É um processo claro. O instrumento vocal é um canal vazio. Permita que a voz jorre. "Cante para a parede, mas além da parede há uma montanha. Cante para a montanha, para alguém que está muito longe. Não, não grite. Pessoas da montanha não gritam! Elas cantam para o abismo. Agora um pássaro caminha no seu ombro esquerdo. Cante para ele. O pássaro está bicando seu crânio, na sua nuca, embaixo da articulação occipital. Tente fazer com que ele pare emanando vibrações para a região. Cante para fazê-lo parar! Qual foi o nome de seu primeiro bicho de estimação? Cante para ele. Cante para Lady." Muitas associações podem ser usadas, mas devem sempre estar direcionadas para o espaço e cada uma deve ser formulada para libertar os impulsos do corpo-memória. Como Grotowski diz, "você não pode trabalhar com a voz sem trabalhar com o corpo-memória".[33]

A voz se torna longa e larga como um tubo ou afiada como uma espada. Imagens de natureza, de animais e plantas, e imagens fantásticas são um rico material para libertar os impulsos do corpo que conduzem a voz. As imagens devem ser associativas e orientadas em direção a um ponto específico no espaço. O jogo tem a intenção de libertar o corpo-memória a fim de estendê-lo no espaço através da voz. Você está sempre em processo e sempre buscando contato. O trabalho deve permitir que o ator compreenda que a voz não é limitada e que pode fazer qualquer coisa. O impossível é possível. Grotowski adverte,

[33] Ibidem, p. 124.

contudo, contra o aprofundamento em memórias e associações muito íntimas ou pessoais, que só devem ser trabalhadas em exercícios se forem geradas espontaneamente. O instrutor nunca deve provocar uma confissão dessa natureza. O ator deve manter esse material para o trabalho criativo, atentando para não se esvaziar durante os exercícios.[34]

Além do trabalho individual com a voz, desenvolvemos alguns exercícios para trabalhar com a voz em grupo. O primeiro se chama: Escutar.

Exercício 4.10: Escutar

Escutar é uma estrutura (semelhante ao Watching) criada com dois objetivos: aprender a escutar e a trabalhar os limites da voz. O exercício é feito em algumas etapas, e cada uma tem suas regras específicas. Os participantes devem sempre escutar uns aos outros, trabalhar suas respectivas vozes e estar atentos ao uso do espaço. O líder, que deve ser o mais familiarizado com a estrutura, pode ajudar a marcar a passagem de uma etapa para a outra. O exercício se inicia com cada participante encontrando um lugar no espaço para se colocar – podem sentar, ficar em pé ou deitar no chão. As etapas são:

1. Atenção para a respiração

    a. Comece a escutar os sons fora do espaço.
    b. Escute os sons ao seu redor, no espaço.
    c. Ouça os sons do próprio corpo – a respiração, a batida do coração, a digestão. Depois:

[34] Ibidem.

2. Acorde o corpo com vibração (usando o som ah)

   a. Comece a emitir vibração com as diferentes partes do corpo, usando o som ahhh. Faça o corpo vibrar. Banhe-se com a vibração. O despertar do corpo deve ser dinâmico, sem preguiça e sempre escutando os outros.
   b. Quando o corpo estiver vibrando, o participante pode começar a dirigir a atenção para o espaço. Começa então a

3. Buscar a vibração no espaço (usando o som ruuu)

   a. O participante transforma o som de ahhh para ruuuuu e começa a explorar o espaço para fazer diferentes vibrações e ecos.
   b. O participante direciona a voz para o chão, para a parede, para diferentes objetos no espaço, para as luminárias, etc. com a intenção de fazer com que cada elemento espacial vibre e/ou faça eco.
   c. Depois de explorar o espaço, o participante deve dirigir a atenção para o eco alheio, quando começa a

4. Conectar-se com um parceiro (usando o som waiiii)

   a. Os parceiros começam um diálogo. É um diálogo de vibração, não uma conversa cotidiana. É uma simples conexão. Tente fazer com que seu parceiro se afaste, se aproxime, vire-se, desça ou suba, tudo muito simples, para começar. Trabalhe com o corpo inteiro. Não tensione a cabeça e o pescoço. Mande vibrações de todo o seu corpo. Não é necessário manter contato visual sempre. Continue se movimentando e escutando. Dê e receba.
   b. O diálogo é apenas entre duas pessoas. Contudo, quando um grupo se conecta com outro ou o diálogo se transforma em um trio ou quarteto, passamos para

5. Harmonia (usando o som weee)

   a. O grupo lentamente forma um círculo e começa a buscar harmonia através da criação de acordes.
   b. Os acordes se transformam em

6. Ritmo/instrumentos musicais

   a. Cada participante começa a explorar possibilidades rítmicas na harmonia, assumindo as qualidades de um instrumento musical.
   b. Enquanto o grupo trabalha, lentamente se move em direção à

7. Melodia

   a. O grupo começa a procurar a maneira de criar uma música a partir do ritmo e da harmonia. (É melhor escolher a música antes de começar.)
   b. Lentamente, os fragmentos de uma melodia e as letras começam a aparecer e

8. Nasce a música

   a. A música deve nascer lentamente, não já formada. Quando a melodia estiver estabelecida, o grupo deve começar a cantar a música.
   b. Quando a música for bem executada, em uníssono, uma pessoa poderá entrar na roda, e passaremos para

9. Improvisação solo com a música

   a. Como um cantor de jazz, a pessoa no círculo pode começar a improvisar com a música, enquanto o restante do grupo continua com ritmo, tempo e melodia. Diferentes cantores de jazz podem entrar, um de cada vez. Se um ou mais membros do grupo se unirem ao cantor de jazz no centro, o círculo deve desaparecer e passaremos para

10. Improvisação em grupo com a música

    a. Nessa etapa, o grupo busca maneiras de jogar no espaço junto com a música. Diferentes situações podem surgir, como jogos, danças, chamadas e respostas, enquanto o grupo joga no espaço, com a música.
    b. O grupo deve permitir que a música os incite a jogar. Não seja impositivo. Sempre escute e responda. Evolui-se então para

11. Duetos com a música

    a. Enquanto o jogo evolui, os participantes se conectam com um parceiro e começam a trabalhar em duetos, diálogos com a música.
    b. Quando os duetos se encerram, passa-se para

12. Você e a música no espaço

    a. O indivíduo continua uma espécie de desconstrução da música no espaço.
    b. Até que resta apenas

13. Você e a música no seu corpo

    a. O participante busca perceber como a música reside em seu corpo. Onde é o centro de vibração? De onde a música emerge? A música se reduz a apenas uma frase ou uma palavra, àquilo que é a sua essência, de acordo com cada cantor.
    b. Até que a música se torna novamente vibração e a vibração se transforma em

14. Respiração

    a. O participante busca ouvir os sons de dentro do seu próprio corpo.
    b. Escuta os sons no espaço.
    c. Escuta os sons provenientes do exterior da sala.

Fim do exercício.

Escutar é um exercício complicado. Demanda tempo para aprender cada etapa e explorá-la. O instrutor deve sentir-se livre para apresentar, como achar melhor, os princípios de cada etapa do exercício. Quando aprendido, entretanto, Escutar pode ser um instrumento valioso para trabalhar habilidades essenciais de improviso e uso do espaço, além de permitir que o ator explore os limites da voz em uma estrutura segura e criativa.

Grotowski admitiu que, em termos de trabalho da voz, ele sabia muito mais sobre o que *não* se deve fazer do que o que se deve fazer. Afirmava que o melhor exercício vocal é apenas cantar. O ator deve cantar sempre que houver oportunidade. Cantar enquanto dirige, enquanto lava a louça, limpa a casa ou caminha para a sala de trabalho. Trabalhar com cantigas tradicionais pode ser um exercício muito estimulante. Grotowski as definiu como músicas enraizadas em uma cultura particular, "formadas em um longo arco de tempo e (...) utilizadas com propósitos sagrados ou ritualísticos (...), como um veículo".[35] As músicas geralmente são anônimas. O foco de Grotowski estava nos cantos da tradição afro-caribenha. Cantar pode ser um excelente exercício quando livre das condições restritivas que tantos professores de voz impõem e quando se aborda o canto como um instrumento que desafia o corpo e desbloqueia seus impulsos vivos.

---

[35] Jerzy Grotowski, "From the Theatre Company to Art as a Vehicle". In: Thomas Richards, *At Work with Grotowski on Physical Actions*, p. 128.

Exercício 4.11: Cantando Cantos Tradicionais

As músicas tradicionais podem ser selecionadas por um grupo ou o instrutor propõe um ciclo de músicas. Primeiro, é preciso aprender as músicas, através da escuta, não através de anotações. Alguém que saiba bem a música pode ensiná-la ao grupo, que trabalhará até que a melodia seja impecavelmente realizada. O processo, uma espécie de retorno à tradição oral, pode ser longo e cansativo. Envolve muita repetição e paciência. Não deve haver improviso com a música nesse momento. Todavia, a melodia é apenas a superfície da música. Para cantá-la de forma autêntica, é preciso descobrir não só as notas, mas as qualidades vibratórias: "a melodia não é a mesma coisa que as qualidades vibratórias. O ponto é delicado porque – usando uma metáfora – é como se o homem moderno não ouvisse a diferença entre o som de um piano e o som de um violino. Os dois tipos de ressonância são muito diferentes, mas o homem moderno busca apenas a linha melódica, sem apreender as diferenças da ressonância".[36]

Grotowski oferece duas pistas para buscarmos as qualidades vibratórias na prática. Ambas tratam do encontro com a canção em um nível diferente daquele usado para cantar apenas a melodia ou as notas. Primeiro, o canto tradicional deve ser reconhecido como uma pessoa. Não há nada de exótico ou misterioso nisso. Enquanto você está cantando, vá ao encontro do canto ou dos impulsos conectados como se ele fosse "uma pessoa". O canto é uma mulher ou um homem? Uma criança ou um velho? Dos montes ou das planícies? O mar ou o rio? O vale ou a floresta? É um canto

---

[36] Ibidem, p. 127.

de trabalho ou lazer? Ou é uma canção-animal? Ou uma canção-força? O contato com o canto dessa maneira nos permite determinar os impulsos e as ações associados ao canto. Se a abordagem não for transformada em receita ou método e a música for bem executada, é possível a emergência de um "corpo-canto". Os impulsos da vida associados à canção (enraizada na organicidade) percorrem o corpo, conduzindo o canto. "E assim, de repente, o canto começa a nos cantar. Esse canto antigo me canta: eu não sei mais se estou encontrando o canto ou se o canto sou eu."[37] O canto chega.

A segunda pista que Grotowski oferece em relação à canção tradicional está em buscar a semente do canto. Se você se perguntar quem foi seu primeiro cantor e como ele/ela começou a cantá-la, pode achar o verdadeiro começo da música, a semente de sua qualidade vibratória. Sabemos que a grande maioria dos cantos não são compostos do início ao fim. Muitas vezes o núcleo da canção, o impulso original do cantor, encontra-se em algum lugar da música. Não é uma questão a ser respondida intelectual ou academicamente, e sim no fazer. O canto se torna um yantra ou um instrumento para descobrir "primeiro, a corporalidade de alguém conhecido e, mais e mais distante, a corporalidade de um desconhecido, o ancestral. Essa corporalidade é literalmente como era? Talvez não literalmente e, no entanto, como poderia ter sido. Você pode chegar muito longe nesse voltar atrás, como se sua memória acordasse".[38]

Trabalhar com o canto dessa maneira é como perseguir o canto – envolve uma mudança do que podemos chamar de

---

[37] Ibidem.
[38] Jerzy Grotowski, "Performer" (1988). In: Richard Schechner e Lisa Wolford (eds.), op. cit., p. 378-79.

autoconsciência (relacionada à nossa identidade, personalidade, ego e ao eu social e construído) para o que consideraríamos autoconhecimento. O autoconhecimento leva a atenção para a estrutura, a continuidade, a natureza básica, para as fontes de onde o comportamento autêntico pode emergir. A separação entre corpo e mente é curada. O cantor encontra-se em um estado de expiação, que inclui abrandar os limites entre a pessoa e o ambiente. Alexandra e Roger Pierce descrevem, desse modo, a experiência: "O eu, em oposição ao estar fixo em seu contexto e na imagem de si mesmo, torna-se fluido o suficiente, a ponto de ser continuamente refinado e moldado pela experiência que ele gera, e de se renovar, através dela, a cada momento do processo de viver".[39] O comportamento não autêntico ou incongruente se dissolve. Nas palavras de Grotowski, "o corpo se torna um canal aberto para as energias e encontra a conjunção entre o rigor dos elementos e o fluxo da vida ('espontaneidade')".[40]

Grotowski advertiu que esse tipo de trabalho com os cantos não deve ser aplicado como uma espécie de método. Esses são apenas dois exemplos que pertencem a uma ampla gama de possibilidades de trabalho com os cantos tradicionais. O grupo deve cantá-los, repetindo-os até que a melodia esteja dominada, e depois buscar descobrir os impulsos e ações que o canto demanda. Quando isso ocorre, o cantor torna-se sensível ao fluxo de energias e vibrações associado a cada canto e pode começar a usá-los como ferramenta para o trabalho sobre si.

---

[39] Alexandra Pierce e Roger Pierce, *Expressive Movement: Posture and Action in Daily Life, Sports and the Performing Arts*. New York, Plenum Press, 1989, p. 97-98.

[40] Jerzy Grotowski, "From the Theatre Company to Art as a Vehicle". In: Thomas Richards, *At Work with Grotowski on Physical Actions*, p. 129.

A PARTITURA DO ATOR: FAZER

Em suas palestras no Collège de France, em 1997, Grotowski enfatizou mais uma vez que os exercícios, por eles mesmos, não levam ao ato criativo e não devem nunca ser usados como substitutos para o trabalho sobre um personagem. O objetivo deve ser sempre o ato criativo. Os exercícios podem servir a dois propósitos. Primeiro, podem auxiliar na maneira de lidar com a velhice. Em outras palavras, os exercícios podem manter o seu instrumento em forma e auxiliar você a "morrer um pouco menos a cada dia". Segundo, os exercícios podem desbloquear certas possibilidades técnicas no organismo. Por exemplo, muitos atores fecham a laringe quando falam. A laringe bloqueada pode impedir que o ar conduza a voz e projete-a para o exterior. Isso acontece com frequência quando uma pessoa está estressada, e os atores quase sempre estão estressados. É preciso, portanto desenvolver exercícios para desbloquear a laringe. A pesquisa de Grotowski com exercícios vocais e físicos originou-se, frequentemente, a partir de um problema individual ou de um bloqueio psicofísico de um dos atores da companhia. Grotowski opunha-se sempre a qualquer "caixa de truques" para o ator, mas seus atores eram adeptos das "leis que governam o ofício". "Estamos tentando descobrir as leis objetivas que governam a expressão de um indivíduo."[41] Contudo, como se faz para que o ator se torne consciente dos elementos de seu artesanato? Quais são as maneiras criativas de permitir que o ator entenda que essas leis/elementos/ferramentas existem e estão à sua disposição, precisam ser aplicadas de forma consciente (em primeiro lugar) na investigação de resistências e hábitos e no trabalho sobre si, e devem ficar impregnadas no corpo (segunda natureza)? A resposta está em fazer com que o ator entenda como trabalhar com ação.

---

[41] Jerzy Grotowski, citado em Jennifer Kumiega, op. cit., p. 117.

Exercício 4.12: Os Quatro Passos

Uma das maneiras pela qual tentamos introduzir um ator novato nas possibilidades de trabalhar com ação é com um exercício que chamamos de Os Quatro Passos: você acabou de ser escalado para uma peça chamada Os Quatro Passos. Quando você recebe o roteiro, ele consta de uma única frase: "o ator dá quatro passos". O que você faz? Comece a trabalhar. Dê quatro passos. Faça com que cada passo tenha começo, meio e fim claros. Construa uma partitura inicial, de início apenas de movimento. Assim que a partitura de movimento estiver clara, podemos começar a transformar o movimento em ação. Vamos começar a construir as circunstâncias de nossa peça. Onde você está? Como um determinado lugar/espaço afeta seus quatro passos e como você os executa? Dentro ou fora? Úmido ou seco? Quem é você? Quantos anos você tem? Vamos supor que você é você – mas será como você é agora, mais jovem ou mais velho? Com quem você está? Quem o vê? Em outras palavras, quem é seu parceiro? O que você está vestindo? Que tipo de sapatos? Como afetam seu movimento? Quando isso está acontecendo? Que tipo de luz? Que temperatura? Como a luz e a temperatura afetam a maneira como realiza os quatro passos? Faça escolhas. Continue repetindo os quatro passos com precisão, termine onde começou. Não faça de qualquer jeito. Tudo é importante. Cada momento, cada mudança de peso. Cada hesitação e decisão. Agora você deve centrar sua estrutura nas circunstâncias. Talvez você tenha associado tudo isso a uma memória específica ou descoberto outras associações com uma pessoa ou lugar. Como continuamos?

Vamos acrescentar a intenção. Por que estamos dando estes quatro passos? Para onde eles levam? Ou do que o afastam?

Seja preciso. Tenha certeza de que tem clareza em relação ao começo e ao fim de cada passo e também à totalidade da ação. Quais foram as mudanças no percurso dos quatro passos? Você conseguiu o que queria? Ganhou ou perdeu?

Agora vamos trabalhar tecnicamente. O que seus olhos estão fazendo? Como você está enxergando ou vendo em cada momento dos quatro passos? Você está fixando o olhar? Por quê? O seu olhar mudou? Se não, por quê? Como você percebe o seu parceiro? Como a luz afeta sua maneira de ver? Como a sua maneira de ver muda com cada passo?

Agora vamos imaginar que o diretor chega e começa a acrescentar seu próprio "conceito" da peça. Na metade do segundo passo, você ouve um barulho atrás de você. Repita. No começo do terceiro passo, um pássaro o ataca e sai voando. Não, não durante o terceiro passo, apenas no começo. Depois que o pássaro sai voando você continua, vai até o meio e depois até o fim do terceiro passo.

E continuamos assim: um diretor novo chega do Black Light Theatre de Bullah. Ele só quer ver mãos, então veste você com luvas brancas e você deve repetir a ação atento ao que suas mãos estão fazendo a cada momento. Em seguida, chega outro diretor que só quer ver pés. Mais uma vez, repita, atento a seus pés. E assim continua... No fim, a ação de Os Quatro Passos se tornou muito interessante e cativante, repleta de detalhes e apresentada com precisão. A partir dos Quatro Passos, chegamos a uma partitura de ações físicas feitas com intenção e precisão. É um exercício extremamente elementar, mas afirma que é possível trabalhar com ação a partir de algo simples como um passo. Não há desculpa para não encontrar ação.

Um ator pode treinar e fazer exercícios durante anos sem verdadeiramente ser competente no ofício da atuação. Por isso é necessário passar sem delongas para o trabalho criativo e encontrar o material a ser aprimorado de forma "não diletante, não turística". Uma forma de fazer isso é pela ação individual. No léxico de Grotowski, as ações individuais também devem ser chamadas de etnodramas individuais ou *mystery plays*.

Exercício 4.13: A Ação Individual

Grotowski recomenda começar com uma música antiga, que deve ter fortes conexões com sua tradição etnofamiliar. Talvez a primeira canção que você lembre ter sido cantada por sua mãe ou avô – uma canção de ninar, um hino ou uma cantiga natalina. A música deve ter alguma qualidade e não ser muito banal. "Parabéns a Você" ou "Atirei o Pau no Gato" não funcionam para esse exercício. Deve-se abordar a música "como se nela estivesse codificada, potencialmente (movimento, ação, ritmo...), uma totalidade".[42] A música sabe o que você deve fazer, como você deve realizá-la. Você constrói uma estrutura em torno da música. Em seguida, começa a trabalhar essa estrutura de maneira vertical. Não construa uma estrutura depois da outra, concentre-se no que você desvelou inicialmente, em termos de ação e movimento, e aperfeiçoe isso.

Existem diversas maneiras de aperfeiçoar uma ação individual. Assim que a música certa, a história e as associações pessoais que a acompanham forem descobertas, constrói-se

---

[42] Jerzy Grotowski, "Tu es le Fils de Quelqu'un" (1989). Versão inglesa revisada por Jerzy Grotowski e traduzida por James Slowiak. In: Richard Schechner e Lisa Wolford, p. 302.

uma estrutura inicial e verifica-se como funciona. Então, o ator deve reconstruir a ação de forma mais condensada, eliminando qualquer coisa desnecessária. "Você deve reconstruir e rememorizar a primeira proposição (a linha de pequenas ações físicas), eliminando todas as ações que não sejam absolutamente necessárias."[43] Quando se começa a editar a linha da ação física, vários problemas técnicos aparecem. Se você fizer cortes, como reagrupar os diferentes fragmentos?

> Por exemplo, você pode aplicar o seguinte princípio: linha de ações físicas-parada-eliminação de um fragmento-parada-linha de ações físicas. Como no cinema, cortamos quando a sequência de movimento para em uma imagem fixa, e outra imagem fixa marca o início de uma nova sequência de movimento. Isso oferece ação física-parada-parada-ação física. Mas o que fazer com o corte, com o buraco? Na primeira parada você está, vamos supor, em pé, com os braços para o alto e, na segunda parada, sentado, com os braços para baixo. Uma das soluções consiste em executar a passagem de uma posição para a outra como uma demonstração técnica de habilidade, quase como um balé, um jogo de habilidade. É apenas uma possibilidade, entre todas as outras.[44]

A montagem da partitura vocal com a partitura física é outro problema a ser resolvido: devo cantar e me movimentar ao mesmo tempo? Quando paro, devo continuar a cantar? Ou devo cantar sem me movimentar? O importante é que se trabalhe o material de forma coerente e

---

[43] Ibidem.
[44] Ibidem, p. 302-03.

sistemática e, mesmo que haja momentos de crise e tédio durante o trabalho, jamais se deve permitir que a ação descambe para o caos. Os elementos se tornam mais e mais condensados e aperfeiçoados. Grotowski descreve da seguinte maneira:

> Então, o seu corpo absorve completamente tudo isso e recupera suas reações orgânicas. Você vai se voltar para trás, em direção à semente da primeira proposição e verá que, do ponto de vista dessa primeira motivação, faz-se necessária uma nova reestruturação do todo. Para que o trabalho não se desenvolva "para o lado, para o lado", mas (...) sempre em fases de organicidade, crise, organicidade, etc. Podemos dizer que a cada fase de espontaneidade da vida segue-se sempre uma fase de absorção técnica.[45]

Trabalhar uma ação individual dá ao ator a oportunidade de confrontar vários desafios na construção de uma partitura de ação física e de um fragmento performativo, enquanto trabalha sobre um material que é importante e conectado com suas raízes e fontes pessoais. Uma verdadeira ação individual se torna como uma prece pessoal para o ator.
É algo a que o ator pode voltar, sempre que necessário, para relembrar elementos do ofício e se reconectar com o que é importante para ele como artista. O ponto de partida pode ser a estrutura ou pode ser uma linha de associações pessoais. Pode ser imposto do exterior (por diretor, roteiro, texto ou música, por exemplo) ou pode ser algo que vem, organicamente, do próprio atuante.

---

[45] Ibidem, p. 303.

O PARCEIRO DO ATOR: ENCONTRAR

O contato é um dos elementos essenciais do trabalho performativo. Nada pode acontecer sem o parceiro, o outro – seja ele real ou invisível. O ator a essa altura já tem as ferramentas para trabalhar com espaço e tempo e com ações básicas como ver ouvir. Agora vem a terceira ação essencial: encontrar. Para trabalhar com contato, Grotowski desenvolveu um exercício que chamou de Conexão/Desconexão (que não se deve confundir com a etapa Conexão/Desconexão do exercício Watching).

Exercício 4.14: Conexão/Desconexão

Uma vez que, sob a orientação do diretor, o ator tenha desenvolvido com competência sua ação individual, duas ações individuais podem ser colocadas em relação uma com a outra no espaço. Isso acontece selecionando-se os momentos de conexão entre os dois atuantes. Os momentos de conexão são fixados no espaço através do contato visual: parar-conectar-parar-desconectar-continuar sua partitura. Quando as Conexões/Desconexões são incorporadas à partitura e bem ensaiadas, ocorre um tipo de "improvisação harmônica": "improvisação como readaptação à estrutura".[46] As ações individuais são realizadas no espaço, primeiro um ator, depois o outro, e então juntos, com as conexões e desconexões. Os atuantes não devem tentar apresentar nenhum tipo de história nova, mas devem manter sua linha de ação e associações originais. Fica assim claro como o ator pode realizar uma linha de ações, contar uma história, e o observador ver uma história completamente diferente.

[46] Ibidem, p. 302.

Figura 4.4 – The Rendering. NWPL. Polônia (2002).
Fotografia de Douglas-Scott Goheen.

Exercício 4.15: The Rendering[47] [Vir a Ser]

Para trabalhar, como um grupo, com as ferramentas do ofício do ator, no NWPL, desenvolvemos um exercício conhecido como "Rendering" (Figura 4.4). Trata-se de uma improvisação estruturada que pode incluir cantos, danças,

---

[47] Optou-se por manter o termo em inglês, pois ele é sempre utilizado nesse idioma no trabalho – artigos, *workshops* – do NWPL. Jairo Cuesta, ao ser consultado sobre a palavra, disse-nos que ela é utilizada, na língua inglesa, em três situações. No teatro, quando o cenógrafo ou figurinista faz um primeiro esboço de suas ideias e apresenta-as ao diretor; na cozinha, quando se cozinha algo como a manteiga para encontrar "sua essência"; e na Bíblia, no episódio em que é dito para se "devolver" a César o que é de César e a Deus o que é de Deus. Jairo Cuesta explicou então que, quando fazem um "Rendering", estão buscando um primeiro esboço do material, investigando o que é essencial (e eliminando o que não é necessário) e procurando, ainda, "devolver" o que foi aprendido, o que foi descoberto, a revelação. (N. R. T.)

exercícios como os Quatro Cantos ou Watching, e até ações individuais. O diretor organiza esses vários elementos em determinada ordem e o grupo começa a trabalhar com adaptação, vendo e escutando e encontrando a maneira de criar o espaço e o tempo para que outros ajam. Muitas vezes, não há história. É uma estrutura que serve para identificar as respostas habituais e máscaras sociais dos atuantes, para recuperar a força vital e a capacidade para o contato de cada um. Enquanto o atuante luta para dominar a voz e o corpo, a vitalidade e o objetivo, engaja-se no processo de relembrar, revelar e realizar. O Rendering busca libertar a energia adormecida e os impulsos criativos do participante, de forma individual ou coletiva, no espaço ou com um parceiro.
O exercício é uma tentativa de redescobrir o impulso de agir.

Rendering é uma técnica que pode ser usada como parte do processo de ensaio. Corresponde ao trabalho de Grotowski com improvisação e é uma lenta busca do essencial, de ações literais.

Durante o Rendering, os atuantes não devem buscar algum tipo de autoexpressão emocional ou psicológica. A meta é ver que a vida não é isso ou aquilo, simplesmente é. Para fazer isso, o exercício acontece em um tempo ecológico, um ecotempo, não egotempo: a interação de todo o ser com a realidade do aqui-agora. O que significa estar vivo agora? Recusar o entorpecimento e a segurança em favor do imediatismo e do risco? No Rendering não há lugar para se esconder. É puro trabalho. E esse tipo de trabalho é parte da tradição do ofício; ele está em continuidade com a vida.

Posfácio

O Presente de Grotowski

Gostaríamos de concluir com um breve retrato de Grotowski como homem. Grotowski foi um verdadeiro gênio. Ao escrever sobre sua prática e ética, suas qualidades de generosidade e humor podem eventualmente passar despercebidas. Ele era cheio de vida e sagacidade. Tinha uma capacidade quase infantil de rir do absurdo da existência. Ele gostava de uma boa conversa e de um bom conhaque. Apreciava o silêncio e a discrição. Podia ser implacavelmente exigente, mas seu poder nunca era abusivo ou manipulador.

Grotowski tinha a habilidade de enxergar o cerne do problema em cada situação e em cada indivíduo. Propunha uma solução criativa e não enxergava apenas o problema. Nunca se cansava disso – o que o cansava era o outro: a maneira como a grande maioria de nós aborda uma situação, a entropia, as receitas e respostas mecânicas. Sentar ao seu lado enquanto ele observava cuidadosamente a luta de um ator, refletir com ele acerca do próximo passo; ver como se transformava fisicamente quando se aproximava do ator com uma nova tarefa ou estimulava com um grito ou sussurro era conhecer alguém que trabalhava com compaixão, muitas vezes uma compaixão cruel, mas sempre compaixão. Seu trabalho era, pode-se dizer, até mesmo heroico, não no sentido mítico da palavra, mas porque procurava fazer algo necessário, particular e extremamente difícil, algo que requer que façamos aquilo que tentamos evitar a todo custo: colocarmo-nos plenamente em uma situação.[1]

Este foi o presente de Grotowski para nós. E a cada dia é disso que tentamos nos lembrar em nosso próprio trabalho, em nossas próprias vidas. Já se disse que a contribuição de Grotowski será efêmera, porque ele não nos legou um conjunto de obras para estudarmos. Mas o seu verdadeiro legado será encontrado na vida das pessoas com as quais trabalhou. A maneira como cada um de nós continuará sua tradição será o verdadeiro teste da influência de Grotowski no teatro e além dele.

---

[1] James Slowiak, "Grotowski: The Teacher". In: *Slavic and East European Performance*. 20, 2, verão de 2000, p. 30; Idem, "Ondas en el Estanque". Trad. Carlota Llano. In: Fernando Montes (ed.), *Grotowski: Testimonios*. Bogota, Ministerio de Cultura de Colombia, 2000, p. 42-43.

Bibliografia

LIVROS E PERIÓDICOS

BANU, Georges. "Grotowski – The Absent Presence". In: PAVIS, Patrice (ed.). *Intercultural Performance Reader*. New York: Routledge, 1996.

BARBA, Eugenio. "Theatre Laboratory 13 Rzedow" (1965). In: SCHECHNER, Richard e WOLFORD, Lisa (eds.). *The Grotowski Sourcebook*. New York: Routledge, 2001, p. 73-82. Primeira impressão em *The Drama Review*, 9, 3: p. 153-171.

____. *Land of Ashes and Diamonds: My Apprenticeship in Poland, followed by 26 letters from Jerzy Grotowski to Eugenio Barba*. Aberystwyth: Black Mountain Press, 1999.

BECKETT, Samuel. *Collected Shorter Plays*. New York: Grove Weidenfeld, 1984.

BENTLEY, Eric. "An Open Letter to Grotowski" (1969). In: SCHECHNER, Richard e WOLFORD, Lisa (eds.). *The Grotowski Sourcebook*. New York: Routledge, 2001, p. 165-70. Primeira impressão como "Dear Grotowski: An Open Letter". In: *The New York Times*, 30 nov. 1967, p. 1-7.

BLONSKI, Jan. "Holiday or Holiness?: A Critical Reevaluation of Grotowski". Trad. Boleslaw Taborski. In: *Twentieth Century Polish Theatre*. Ed. Bohdan Drozdowski, trad. Catherine Itzen. London/Dallas TX: John Clader/Riverrun Press, 1979.

BRAUN, Edward. *The Director and the Stage: From Naturalism to Grotowski*. London/New York: Methuen/Holmes & Meyer, 1982.

BRAUN, Kazimierz. *A History of Polish Theater, 1939-1989: Spheres of Captivity and Freedom*. London, WestPort, CT: Greenwood Press, 1996.

BRECHT, Stefan. "The Laboratory Theatre in New York, 1969: A Set of Critiques" (1970). In: SCHECHNER, Richard e WOLFORD, Lisa (eds.). *The Grotowski Sourcebook*. New York: Routledge, 2001, p. 118-33. Primeira impressão em *The Drama Review*, 14, 2, p. 178-211.

BROOK, Peter. *The Empty Space*. London/New York: McGibbon &Kee/Routledge, 1968, p. 381-84.

_____. "Preface" (1968). In: GROTOWSKI, Jerzy. *Towards a Poor Theatre*. Ed. Eugenio Barba. New York: Routledge, 2002, p. 11-13. Primeira publicação, New York: Simon and Schuster, 1968.

_____. "Grotowski, Art as Vehicle" (1995). In: SCHECHNER, Richard e WOLFORD, Lisa (eds.). *The Grotowski Soucerbook*. New York: Routledge, 2001, p. 381-84.

BURZYNSKI, Tadeusz e OSINSKI, Zbigniew. *Grotowski's Laboratory*. Trad. Boleslaw Taborski. Warsaw: Interpress, 1979.

CIOFFI, Kathleen. *Alternative Theatre in Poland 1954-1989*. Amsterdam: Harwood Academic Publishers, 1996.

CROYDEN, Margaret. "Notes from the Temple: A Grotowski Seminar". In: *The Drama Review*, 14, 1, outono, 1969, p. 178-83.

_____. *In the Shadow of the Flame: Three Journeys*. New York: Continuum, 1993.

CUESTA, Jairo. "On His Way". In: *Slavic and East European Performance*, 20, 2, verão, 2000, p. 26-27.

_____. "Sentieri Verso il Cuore: In Forma di Contesto". In: *Culture Teatrali*, 9, outono, 2003, p. 25-30.

_____. "Ritorno alle 'Sorgenti'". In: *Culture Teatrali*, 9, outono, 2003, p. 31-36.

CZERWINSKI, Edward J. *Contemporary Polish Theatre and Drama (1956-1984)*. New York: Greenwood Press, 1988.

ECKHART, Meister. *Breakthrough: Meister Eckhart's Creation Spirituality in New Translation/Introduction and Commentaries by Matthew Fox*. New York: Image Books, 1991.

FINDLAY, Robert. "Grotowski's Cultural Explorations Bordering on Art, Especially Theater". In: *Theatre Journal*, 32, 3, out. 1980, p. 349-56.

_____ "Grotowski's *Akropolis*: A Retrospective View". In: *Modern Drama*, 27, 1, mar. 1984, p. 1-20.

_____. "Grotowski's Laboratory Theatre: Dissolution and Diaspora" (1986). Reimpresso e revisado in: SCHECHNER, Richard e WOLFORD, Lisa (eds.). *The Grotowski Sourcebook*. New York: Routledge, 2001, p. 172. Primeira impressão em *The Drama Review*, 30, 3, p. 201-05.

FLASZEN, Ludwik. "Akropolis: Treatment of Text" (1965). Trad. Simone Sanzenbach. In: GROTOWSKI, Jerzy. *Towards a Poor Theatre*. New York: Routledge, 2002, p. 61-77.

FLASZEN, Ludwik e GROTOWSKI, Jerzy. *Il Teatr Laboratorium di Jerzy Grotowski 1959-1969*. Eds. Luwik Flaszen e Carla Polastrelli. Pontedera, Italia: Fondazione Pontedera Teatro, 2001.

GRIMES, Ronald L. "The Theatre of Sources" (1981). In: SCHECHNER, Richard e WOLFORD, Lisa (eds.). *The Grotowski*

Sourcebook. New York: Routledge, p. 271-80. Primeira impressão em *TDR: A Journal of Performance Studies*, 35, 3, p. 67-74.

_____. *Beginnings in the Ritual Studies*. Landham: University Press of America; 2nd expanded edition: Columbia, SC: University of South Carolina Press, 1982.

GROTOWSKI, Jerzy. "Towards a Poor Theatre (1965). Trad. T. K. Wiewiorowski. In: SCHECHNER, Richard e WOLFORD, Lisa (eds.). *The Grotowski Source Book*. New York: Routledge, p. 28-37. Primeira publicação em *Odra*, vol. 9, Wroclaw, 1965. Tradução inglesa primeiramente publicada em *Tulane Drama Review*, New Orleans, 35, 1967.

_____. "Les Exercises" (1971), in: *Action Culturelle du Sud-Est*, suplemento 6, p. 1-13; "Esercizi", in: *Sipario*, 104, 1, 1980; in: FLASZEN, Ludwik e POLASTRELLI, Carla (eds.). *Il Teatr Laboratorium di Jerzy Grotowski 1959-1969*. Pontedera, Italia: Fondazione Pontedera Teatro, 2001, p. 184-204. Tradução não publicada do francês e do italiano por James Slowiak.

_____. "La Voix" (1971), in: *Le Theatre*, 1, p. 87-131; "La Voce", in: FLASZEN, Ludwik e POLASTRELLI, Carla (eds.). *Il Teatr Laboratorium di Jerzy Grotowski 1959-1969*. Pontedera, Italia: Fondazione Pontedera Teatro, 2001, p. 154-83. Tradução não publicada do francês por James Slowiak.

_____. "Holiday: The Day Is Holy". Trad. Boleslaw Taborski. *The Drama Review*, 17, 2 (T58), jun. 1973, p. 113-35.

_____. "Ce qui Fut". In: *"Jour Saint" et Autres Textes*. Paris: Gallimard, 1974, p. 43-72.

_____. "Conversation with Grotowski" (1975). Entrevista com Andrzej Bonarski. In: Kumiega, Jennifer. *The Theatre of Grotowski*. London/New York: Methuen, 1985, p. 217-23. Texto publicado em versão resumida.

_____. "Action Is Literal". In: KUMIEGA, Jennifer. *The Theatre of Grotowski*. London/New York: Methuen, 1985, p. 224-28. Texto publicado em versão resumida.

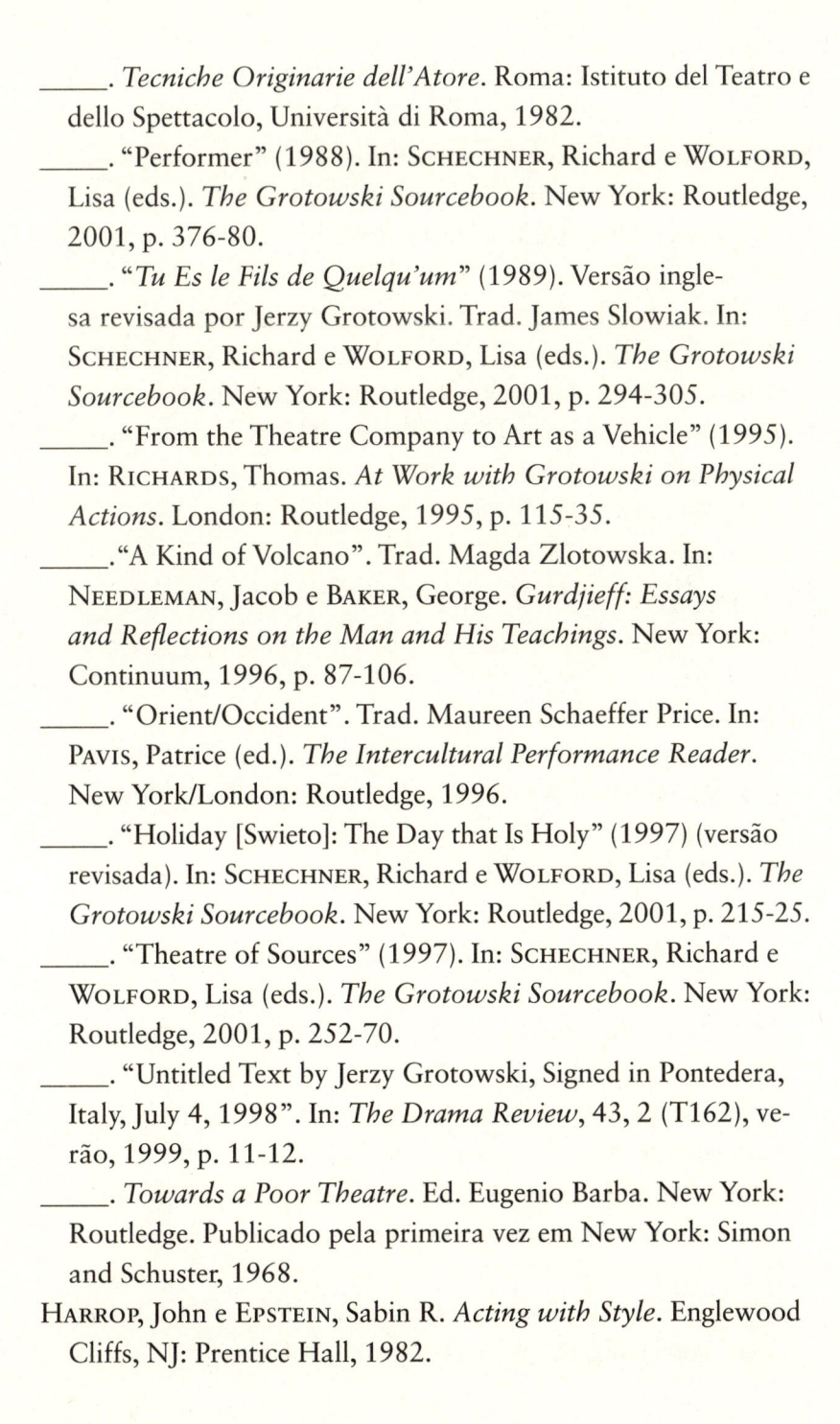

_____. *Tecniche Originarie dell'Atore*. Roma: Istituto del Teatro e dello Spettacolo, Università di Roma, 1982.

_____. "Performer" (1988). In: SCHECHNER, Richard e WOLFORD, Lisa (eds.). *The Grotowski Sourcebook*. New York: Routledge, 2001, p. 376-80.

_____. "*Tu Es le Fils de Quelqu'um*" (1989). Versão inglesa revisada por Jerzy Grotowski. Trad. James Slowiak. In: SCHECHNER, Richard e WOLFORD, Lisa (eds.). *The Grotowski Sourcebook*. New York: Routledge, 2001, p. 294-305.

_____. "From the Theatre Company to Art as a Vehicle" (1995). In: RICHARDS, Thomas. *At Work with Grotowski on Physical Actions*. London: Routledge, 1995, p. 115-35.

_____. "A Kind of Volcano". Trad. Magda Zlotowska. In: NEEDLEMAN, Jacob e BAKER, George. *Gurdjieff: Essays and Reflections on the Man and His Teachings*. New York: Continuum, 1996, p. 87-106.

_____. "Orient/Occident". Trad. Maureen Schaeffer Price. In: PAVIS, Patrice (ed.). *The Intercultural Performance Reader*. New York/London: Routledge, 1996.

_____. "Holiday [Swieto]: The Day that Is Holy" (1997) (versão revisada). In: SCHECHNER, Richard e WOLFORD, Lisa (eds.). *The Grotowski Sourcebook*. New York: Routledge, 2001, p. 215-25.

_____. "Theatre of Sources" (1997). In: SCHECHNER, Richard e WOLFORD, Lisa (eds.). *The Grotowski Sourcebook*. New York: Routledge, 2001, p. 252-70.

_____. "Untitled Text by Jerzy Grotowski, Signed in Pontedera, Italy, July 4, 1998". In: *The Drama Review*, 43, 2 (T162), verão, 1999, p. 11-12.

_____. *Towards a Poor Theatre*. Ed. Eugenio Barba. New York: Routledge. Publicado pela primeira vez em New York: Simon and Schuster, 1968.

HARROP, John e EPSTEIN, Sabin R. *Acting with Style*. Englewood Cliffs, NJ: Prentice Hall, 1982.

HILLMAN, James. *The Soul's Code*. New York: Random House, 1996.

INNES, Christopher. *Holy Theatre: Ritual and the Avant Garde*. Cambridge: Cambridge University Press, 1981.

_____. *Avant Garde Theatre, 1892-1992*. New York: Routledge, 1993.

KAHN, François. *The Vigil [Czuwanie]* (1997). Trad. Lisa Wolford. In: SCHECHNER, Richard e WOLFORD, Lisa (eds.). *The Grotowski Sourcebook*. New York: Routledge, 2001, p. 226-30.

KOLANKIEWICZ, Leszek (ed.). *On the Road to Active Culture: The Activities of Grotowski's Theatre Laboratory Insitute in the Years 1970-1977*. Wroclaw: Instytut Aktora-Teatr Laboratorium, 1978.

KOTT, Jan. *The Theater of Essence and Other Essays*. Evanston: Northwestern University Press, 1984.

_____. *Memory of the Body*. Evanston: Northwestern University Press, 1992.

KUMIEGA, Jennifer. "Grotowski/The Mountain Project" (1978). In: Schechner, Richard e Wolford, Lisa (eds.). *The Grotowski Sourcebook*. New York: Routledge, 2001, p. 231-47; impresso pela primeira vez em *Dartington Theatre Papers*, série 2, número 9, Dartington Hall.

_____. *The Theatre of Grotowski*. London/New York: Methuen, 1985.

LENDRA, I. Wayan. "The Motions: A Detailed Description". In: *The Drama Review*, 35, 1, 1991, p. 129-38.

MARTIN, Jacqueline. *Voice in Modern Theatre*. New York: Routledge, 1991.

MENNEN, Richard. "Grotowski's Paratheatrical Projects". In: *TDR: A Journal of Performance Studies*, 19, 4, dez. 1975, p. 58-69.

MILLING, Jane e LEY, Graham. *Modern Theories of Performance: From Stanislavsky to Boal*. Hampshire: Palgrave, 2001.

MINDELL, Arnold. *Dreambody: The Body's Role in Revealing the Self*. Boston, MA: Sigo Press, 1982.

MITTER, Shomit. *Systems of Rehearsal: Stanislavsky, Brecht, Grotowski and Brook*. New York: Routledge, 1992.

NEEDLEMAN, Jacob e BAKER, George (eds.). *Gurdjieff: Essays and Reflections on the Man and his Teachings*. New York: Continuum, 1996.

NEWHAM, Paul. *The Singing Cure: An Introduction to Voice Movement Therapy*. Boston, MA: Shambhala, 1994.

ORTEGA Y GASSET, José. *Meditations on Hunting*. New York: Scribner, 1972.

OSINSKI, Zbigniew. *Grotowski and His Laboratory*. Traduzido e resumido por Lilian Vallee e Robert Findlay. New York: PAJ Publications, 1986.

_____. "Grotowski Blazes the Trails" (1991). In: SCHECHNER, Richard e WOLFORD, Lisa (eds.). *The Grotowski Sourcebook*. New York: Routledge, 2001, p. 385-400; primeiramente publicado em *The Drama Review*, 35, 1, p. 95-112.

PIERCE, Alexandra e PIERCE, Roger. *Expressive Movement: Posture and Action in Daily Life, Sports and the Performing Arts*. New York: Plenum Press, 1989.

REYMOND, Lizelle. *To Live Within*. Portland, OR: Rudra Press, 1995.

RICHARDS, Thomas. *At Work with Grotowski on Physical Actions*. London/New York: Routledge, 1995.

_____. *The Edge-point of Performance*, uma entrevista com Thomas Richards por Lisa Wolford. Pontedera, Italia: Série de Documentação do Centro de Trabalho de Jerzy Grotowski, 1997.

RILKE, Rainer Maria. *Rodin and Other Prose Pieces*. London: Quartet Books, 1986.

RONEN, Dan. "A Workshop with Ryszard Cieślak". *TDR: A Journal of Performance Studies*, 22, 4, dez. 1978, p. 67-76.

Roose-Evans, James. *Experimental Theatre*. New York: Routledge, 1989.

Rudakova, Irina. "'Action is Literal': Ritual Typology and 'Ritual Arts'". In: Levy, Shimon (ed.). *Theatre and Holy Script*. Brighton, Portland, OR: Sussex Academic Press, 1999.

Schechner, Richard. *Between Theater and Anthropology*. Philadelphia, PA: University of Philadelphia Press, 1985.

_____. *Performance Theory*. Edição revista e ampliada. London/New York: Routledge, 1988.

_____. *The Future of Ritual*. New York: Routledge, 1993.

Schechner, Richard e Wolford, Lisa (eds.). *The Grotowski Sourcebook*. London/New York: Routledge. Publicado pela primeira vez em 1997.

Schneider, Rebecca e Cody, Gabrielle. *Re-Direction: A Theoretical and Practical Guide*. New York: Routledge, 2001.

Shawn, Wallace e Gregory, André. *My Dinner with André*. New York: Grove Press, 1981.

Slowiak, James. "Grotowski: The Teacher". In: *Slavic and East European Performance*, 20, 2, verão 2000, p. 28-30.

_____. "Ondas en el Estanque. Trad. Carlota Llano. In: Montes, Fernando (ed.). *Grotowski: Testimonios*. Bogotá: Ministerio de Cultura de Colombia, 2000, p. 34-43.

Smith, Michael. *Theatre Trip*. Indianapolis, New York: Bobbs-Merrill Company, 1969.

Taviani, Ferdinando. "In Memory of Ryszard Cieślak" (1992). In: Schechner, Richard e Wolford, Lisa (eds.). *The Grotowski Sourcebook*. New York: Routledge, 2001, p. 189-204.

TDR: A Journal of Performance Studies. Ed. Richard Schechner, 35, 1, toda a introdução.

Temkine, Raymonde. *Grotowski*. New York: Avon Books, 1972.

Turner, Victor. *From Ritual to Theatre: The Human Seriousness of Play*. New York: PAJ Publications, 1982.

_____. *The Anthropology of Performance*. New York: PAJ Publications, 1986.

WANGH, Stephen. *An Acrobat of the Heart: A Physical Approach to Acting Inspired by the Work of Jerzy Grotowski*. Com um posfácio de André Gregory. New York: Vintage Books, 2000.

WILES, Timothy. *The Theater Event: Modern Theories da Performance*. Chicago, IL: University of Chicago Press, 1980.

WOLFORD, Lisa. "Re-Membering Home and Heritage: The New World Performance Laboratory". *TDR: A Journal of Performance Studies*, 38, 3, 1994, p. 128-51.

_____. "Approaching Grotowski's Work without Witness". *Slavic and East European Performance*, 15, 3, outono 1995, p. 16-25.

_____. "Action: The Unrepresentable Origin" (1996). In: SCHECHNER, Richard e WOLFORD, Lisa (eds.). *The Grotowski Sourcebook*. New York: Routledge, 2001, p. 409-26. Publicado pela primeira vez em *TDR: A Journal of Performance Studies*, 40, 4, inverno, p. 134-53.

_____. "*Ta-wil* of Action: The New World Performance Laboratory's Persian Cycle". *New Theatre Quarterly*, 46, 1996, p. 156-76.

_____. "Grotowski's Art as Vehicle: The Invention of an Esoteric Tradition". *Performance Research*, 3, 3, inverno 1998, p. 85-95.

_____. "Grotowski's Vision of the Actor: The Search for Contact". In: HODGE, Alison (ed.). *Twentieth Century Actor Training*. London/New York: Routledge, 2000.

_____. "Ambivalent Positionings: Grotowski's Art as Vehicle and the Paradox of Categorization". In: WATSON, Ian (ed.). *Performer Training: Developments Across Cultures*. Amsterdam: Harwood Academic Publishers, 2001.

Workcenter of Jerzy Grotowski. Pontedera, Italia: Centro per le sperimentazione e la ricerca teatrale, 1988.

VÍDEOS

Akropolis. Direção de James MacTaggart. Produção de Lewis Freedman. New York: Arthur Cantor, Inc., 1971.

Jerzy Grotowski. Direção e produção de Merrill Brockway. Kent, CT: Creative Arts Television Archive, 1997.

My Dinner with André [*Meu Jantar com André*]. Direção de Louis Malle. Produção de George W. George e Beverly Karp. New York: Fox Lorber Home Video, 1981.

Training at the "Teatr Laboratorium" in Wroclaw. Direção de Torgeir Wethal. Holstebro, Denmark: Odin Teatret Film, 1972.

FITAS DE ÁUDIO

GROTOWSKI, Jerzy. *Anthropologie Théâtrale*. Lição Inaugural para o Collège de France no Théâtre des Bouffes du Nord, 24 de março de 1997. Paris: Le Livre qui Parle.

_____. *La Lignée Organique au Théâtre et dans le Rituel*. Série de seminários para o Collège de France, 6, 13 e 20 de outubro, 2, 16 e 23 de junho de 1997 e 12 e 26 de janeiro de 1998. Paris: Le Livre qui Parle (14 cassetes).

SITES ÚTEIS

www.tracingroadsacross.net
www.grotcenter.art.pl
www.nwplab.org

Índice

A

Academia de Música do Brooklyn, 53
Academia de Teatro (Varsóvia), 32-33
Ação individual, 76, 239-42
Ação interior, 177
Acordo de Gdansk, 75
Acrobacia orgânica, 213
Acting Therapy, 63
Action, 83, 176-79
Akropolis, 31, 39, 52, 140, 153; cenas essenciais, descrição, 163-69; espaço, 156-58; figurinos e adereços, 158-59; formalismo, 161-62; máscara facial, 159-61; paisagem sonora, 162-63
Albahaca, Elizabeth, 30
Albee, Edward, 53
Aliados, 40-41
Antepassados (Dziady), Os, 31, 33-34
Antissemítica, 47
Apocalypsis cum Figuris, 30, 34, 48-53, 62

Apresentação, 31, 35, 41, 48, 60, 94, 99, 104, 125, 136, 138, 158, 160, 165, 189, 221
Arquétipo, 93, 111-12, 114, 134
Artaud, Antonin, 46
Arte como Veículo, 85-87, 127
Artes Ritualísticas. *Ver* Arte como Veículo
Artificialidade, 143
Artista, 26, 78, 86, 93, 99, 110, 115, 121, 130, 159-60, 176, 241
Árvore de Gente, 67, 74
Associações, 102
Atenção horizontal, 195
Ato de transgressão, 93, 96-97, 136
Ato total, 42, 49, 109, 136
Ator, 24, 31, 36, 38-39, 96, 101, 103-04, 106-08, 136-37; corpo, 161-62, 184-87; cortesão, 42; parceiro, 242-44; partitura, 236-41; presença, 192-94; santo, 42-43; voz, 219
Autenticidade, 107

B
Bacci, Roberto, 85-86
Banu, Georges, 126
Barba, Eugenio, 22, 32-33, 38, 47, 54, 89, 134, 150-51, 158
Barrault, Jean Louis, 63-64
Bauls, 74
Beckett, Samuel, 214-15
Bentley, Eric, 35, 51, 140, 161
Biagini, Mario, 87-88
Blasfêmia, 96
Bloqueios psicofísicos, 97, 186
Borowski, Tadeusz, 155
Brecht, Stefan, 151
Brook, Peter, 44, 52, 54, 63, 65, 152, 155-56
Brunton, Paul, 18-19
Buber, Martin, 19
Byron, Lord (George Gordon), 30

C
Cadeiras, As, 27
Caim, 30
Castaneda, Carlos, 55
Catarse, 50
Chaikin, Joseph, 45, 63
Chékhov, Anton, 27
Cieślak, Ryszard, 30, 42-43, 76, 144, 146, 151-53
Cioffi, Kathleen, 47
Clichê, 106
Cocteau, Jean, 30
Código da Alma, O, 128
Cody, Gabrielle, 141
Cohen, Robert, 79
Collège de France, 92, 162, 184, 236
Colmeias, 66, 170-71

Coluna, 188-89, 223
Complexo sacro-pélvico, 122, 188-89
Conexão-desconexão: do exercício do Watching, 204-05
Conjunctio-oppositorum, 142-43, 171, 209, 214
Consciência transparente, 99
Contato, 36, 72, 74, 89, 104, 203-04, 242
Controle do espaço, 193, 198, 206
Controle do espaço II, 206-07
Coordenação, 200; e ritmo, 214-18
Corpo da essência, 108. *Ver também* Essência
Corpo-memória, 108, 189, 210
Corpo-vida, 108, 211
Criação coletiva, 41, 113
Crise polonesa, 75
Croyden, Margaret, 67
Cuesta, Jairo, 66, 83-84, 173, 197
Cultura, 72-73, 96, 111, 128, 232
Cultura Ativa, 60-61
Cynkutis, Zbigniew, 30
Człowiek, 111-14, 124-25
Czuwania (Vigília), 67, 173-76, 196

D
"Da Companhia Teatral à Arte como Veículo", 14
Dalcroze, Emile-Jacques, 211, 214
Dança silenciosa, 201
Dança silenciosa II, 203
Delsarte, François, 208
Dialética de apoteose e derisão, 142, 155
Diálogo, 49, 225, 229
Diretor, 29, 37, 45-46, 84, 97, 176, 221, 238, 244
"Discurso Skara", 102-06

Dostoiévski, Fiódor, 19, 49, 137
Drama Review, The, 44, 54, 110
Dylan, Bob, 56

E

Eckhart, Mestre, 92, 126, 130
Efeito torre de Babel, 162
Eisenstein, Sergei, 144
Eliot, T. S., 49
Em Busca de um Teatro Pobre, 54, 89, 93-95, 101-02, 109, 184-85, 189, 207
"Em Busca de um Teatro Pobre", 32, 58, 93-102; arquétipo/mito, 94-95; ato de transgressão, 96; blasfêmia, 96; parceiro seguro, 100-02; transe, 98-100; *via negativa*, 97-98
Em Busca do Teatro Perdido, 43
Encontro, 29, 44-45, 63, 110-11, 172, 181
Ensaio, 133-46, 159; arquétipos, 134; equivalentes cênicos, 135-37; improvisação, 137-39; montagem, 139-45; princípio da não personagem, 145
Equivalentes cênicos, 33, 134-37
Esboços. Ver Equivalentes cênicos
Espaço, 35-37, 122, 156-57, 175, 182-83, 212-13, 227-28, 231; atenção ao, 192; controle do espaço, 193, 198-99, 206-07
Espaço Vazio, O, 54
Espectador. *Ver* Plateia
Essência, 127-28
Estúdio Internacional, 63
Estudo sobre Hamlet, 41
Ética, 108-10

Etnodrama. *Ver* Ação individual
Études. Ver Equivalentes cênicos
Euritmia de Dalcroze, 208, 214
Evangelho de Tomé, 71
Evangelhos, Os. Ver Apocalypsis cum Figuris
Exercício de cantar, cantos tradicionais, 233-35
Exercício de conexão/desconexão, 242-43
Exercício do Escutar, 228-32
Exercício dos bastões, 194
Exercício dos Quatro Passos, 237-38
Exercício Físico, 209-10
Exercício O Gato, 189
Exercícios Plásticos, 207-09
Exercícios práticos, 181; coordenação e ritmo, 214-17; corpo do ator, 184-87; parceiro do ator, 242-43; precisão, 207-14; preparativos, 182-84; presença do ator, 192; princípio do desdomesticar, 195-207; repertório do ator, 236-41; voz do ator, 219-35
Existencialismo, 28, 115
Expedições, 71-75

F

Família Mal-Aventurada, A, 18
Fausto, 30
Festival Internacional de Teatro de Manizales, 15
Festival Internacional dos Teatros de Pesquisa, 52
Festival Olímpico de Artes, 16
Figurino, 137, 158-59

Findlay, Robert, 26, 163-64, 166, 168-69
Flaszen, Ludwik, 29, 31, 63, 77, 89, 140, 156, 158, 161-62
Formalismo, 161-62

G
Gandhi, Mohandas, 26
Garoute, Tiga, 73, 81
Gesto, 103, 161, 213
GITIS, 21-22
Gnosticismo, 71
Goethe, J. W. von, 30
Gregory, André, 64-65, 171
Grimes, Ronald L., 115
Grotesco, 148, 159
Grotowski Sourcebook, The, 110, 116
Grupo Wooster, 154
Gurawski, Jerzy, 36, 158
Gurdjieff, G. I., 80-81

H
Hegel, Georg Wilhelm Friedrich, 142
Hillman, James, 128
"Holiday", 59, 62, 110, 115
Huicholes, 73

I
Improvisação, 137-39, 230-31. Ver também Vir a Ser
Impulsos, 102-03, 139, 143, 185, 234
Índia Secreta, A, 18
Instituto Internacional de Teatro (ITI), 40-41
Investigação, A, 156
Ionesco, Eugene, 27
Irmãos Karamazov, Os, 19, 49

J
Jahołkowski, Antoni, 30, 48, 76, 164-65
Jornada de Teatro, 137
Jung, Carl, 91

K
Kahn, François, 175, 196
Kalidasa, 27, 31
Kathakali, 106
Kerouac, Jack, 55-56
Kolankiewicz, Leszek, 55, 65, 67
Komorowska, Maja, 30, 159
Kordian, 38, 134
Kott, Jan, 84
Kumiega, Jennifer, 37, 48, 51, 60-66, 155, 158, 161, 169, 172, 196, 219, 236

L
Laboratório. *Ver* Teatro Laboratório
La croix (a cruz), 188
Ley, Graham, 92, 119
Lilly, John C., 56
Ling, Dr., 38
Linha artificial, 92, 102-10
Linha orgânica, 92, 101
Living Theatre, 113
Louco sagrado *(yurodiviy)*, 20, 24, 179
Luas crescentes, 200-01
Luas crescentes II, 204

M
Mãe de Pondicherry, 56
Maiakóvski, Vladimir, 30
Malle, Louis, 171
Mann, Thomas, 49
Mapeamento corporal, 186-87
Marceau, Marcel, 27

Marlowe, Christopher, 39
Marx, Karl, 142
Máscara facial, 159-61
Meditações em Voz Alta, 63
Meierhold, Vsévolod, 23, 28, 133
Mennen, Richard, 68
Mérimée, Prosper, 27
Meu Jantar com André, 171
Mickiewicz, Adam, 31, 34
Miller, Arthur, 53
Milling, Jane, 92, 119
Mindell, Arnold, 56
Mirecka, Rena, 30, 43, 48, 164-65
Mise-en-scène, 145-46, 148
Mistério Bufo, 30
Mito, 94-95, 97, 134-36
Molik, Zygmunt, 30, 161-66, 168
Montagem, 34-35, 126, 139-42, 240; *conjunctio-oppositorum*, 142-43
Motions, The (Exercício de Movimentos), 82, 190-91
Movimento, 70, 82, 100, 173-74, 196, 215, 222
"Movimento que é repouso", 71
Mulher é o Demônio, A, 27

N
Nebulosa, 202
New World Performance Laboratory, 84, 181-82, 214

O
Objective Drama, 79-81, 120, 124, 197; trabalho prático em UC Irvine, 81-82
Objetividade do ritual, 86
Objetos, 49, 99

Open Theatre, 45
Ópera de Pequim, 38, 143
Orfeu, 30
Organicidade, 24, 91, 104, 143
Organons. Ver *yantras*
Ortega y Gasset, José, 193
Osinski, Zbigniew, 21, 24, 27, 43, 45, 52, 54, 57, 63, 68, 80
Osterwa, Juliusz, 81
Otwarcia, 66
Outubro Polonês, 25

P
Paisagem sonora, 162-63
Paradoxo, 91
Parateatro, 60-68, 127; *colmeias*, 170-71; *Czuwania (vigília)*, 173-76; no exterior, 62-63; *Projeto Montanha*, 173; Université des Recherches, Le, 63-66
Parceiro seguro, 100-02
Partitura, 103-04, 143, 148
"Performer", 125-30
Personagem, 135, 145-46
Pierce, Alexandra, 235
Pierce, Roger, 235
Plateia, 33-35, 95, 112-13, 127, 146, 156, 171
Pollastrelli, Carla, 85
Precisão, 143, 178, 207-14
Primavera de Praga, 47
Príncipe Constante, O, 16, 36-37, 42-43, 54, 140, 144, 146, 151-52
"Princípio chinês, O", 39, 162
Princípio da não personagem, 145-46
Princípio de "desdomesticar", 195-207
Produções teatrais, 22, 28, 153

Projeto Montanha, 67, 173; *Czuwania (Vigília)*, 173-76
Projeto Especial, 62, 68
Proposições. *Ver* Equivalentes cênicos
Pulsação, 199-200
Pulsação II, 203

Q
Quad, 215
Quatro Cantos, Os, 214-15, 218

R
Raízes, 69, 95, 136
Ramakrishna, 56
Ramana Maharshi, 19
Realismo-Socialista, 23
Relação ator-espectador, 49-52, 156
Relação entre ator/espectador/espaço, 35, 49
Relacionamento diretor- ator, 146-51
Religião vodu, 72
Rendering [vir a ser], 137. *Ver também* Improvisação
Rendering, The, 243-44
Ressonadores, 38, 168, 223-35
Reymond, Lizelle, 74
Richards, Thomas, 20, 83-87, 103, 105-06, 120, 147, 152, 177, 190-91
Rilke, Rainer Maria, 159-60
Ritmo, 61, 103, 122, 157; e coordenação, 214-18
Ritual, 86, 127-28, 176
River, The (O Rio), 82
Robart, Maud, 73, 81
Robbins, Jerome, 53
Romantismo polonês, 34, 168
Ronconi, Luca, 63

Royal Shakespeare Company, 44, 182
Rudakova, Irina, 91

S
Saint-Soleil, 73
Sakuntala, 27, 31
Samuel Zborowski.Ver Apocalypsis cum Figuris
Schechner, Richard, 44, 56, 69, 85, 90, 100, 114, 141, 176
Schneider, Rebecca, 141
Scierski, Stanisław, 30, 164, 167
Sequência de exercícios físicos, 211-13
Silêncio, 173, 183-84, 196-97
Sinal, 105-06, 139, 143
Słowacki, Juliusz, 34, 38, 46, 145
Slowiak, James, 82, 84, 178, 246
Smith, Michael, 137
Staniewski, Wlodzimierz, 59
Stanislavski, Constantin, 21-22, 40, 133, 177
Stewart, Ellen, 53
Sunyata, 150-51
Suzuki, Tadashi, 62
Szajna, Josef, 155, 158

T
Talento, 113
Tantras, 122-23
Taviani, Ferdinando, 126
Teatro, 55, 93, 134
Teatro ambiental, 35
Teatro das Fontes, 67, 69-80, 82, 115-20; crise polonesa, 75; expedições, 71-75; técnicas das fontes, 69-71
Teatro das 13 Fileiras, 29-32, 35. *Ver também* Teatro Laboratório

"Teatro da crueldade", 46
Teatro de Estudantes: Segundo Festival Mundial de, 43-44
Teatro de Participação, 55-65
Teatro e seu Duplo, O, 46
Teatro Laboratório das 13 Fileiras. Ver Teatro Laboratório
Teatro Laboratório Polonês. *Ver* Teatro Laboratório
Teatro Laboratório. *Ver também* Teatro das 13 Fileiras, 15, 38-40, 45-46, 52-54, 59-63, 65-67, 76-79, 81, 93, 112, 116, 145, 151, 153-54, 170, 184, 186, 211, 219
Teatro pobre, 31-32, 49, 93, 158
Teatro Polski, 30
Teatro Rico, 31, 94
Técnica de respiração, 220-23
Técnicas de fontes, 69-71
Tema, 27, 31, 52, 86
Temkine, Raymonde, 34
Thanatos Polski, 76
Time, 53
Tio Vânia, 27
Trabalhar com Grotowski sobre as Ações Físicas, 86, 120
Trágica História do Doutor Fausto, A, 39
Transe, 98-100
Transe não é saudável, 99
Transe saudável, 99
Transespiritualismo, 91
Transformação, 57, 93
Transluminação, 98
Transmissão, 20, 84, 86, 126, 179
Tulane Drama Review. Ver *Drama Review, The*
Turistas, Os, 31

U
Université des Recherches, Le 63-66; eventos de parateatro, 65, 169

V
Vakhtangov, Evgeny, 22
Vasiliev, Anatoly, 87-88
Via negativa, 42, 43, 97, 130, 185; *Akropolis*, 162; ressonadores, 223-32; técnica de respiração, 220-23; voz, 219
"Você é o filho de alguém" (*Tu es le fils de quelqu'un*), 120-25

W
Watching, 84, 197-292; conexão-desconexão, 204-05; controle do espaço, 198; controle do espaço II, 206-07; correr, 202; dança silenciosa II, 203; espiral, 205-06; luas crescentes II, 204; nebulosa, 202-03; pulsação II, 203; teia, 199-202
Weil, Simone, 49
Weiss, Peter, 155
Wiles, Timothy, 150
Wolford, Lisa, 85, 90, 110, 141, 176
Wyspiański, Stanisław, 34, 39, 41, 154

Y
Yantras, 123-24
Yanvalou, 82, 84

Z
Zavadsky, Yuri, 22
Zmysłowski, Jacek, 62, 66-67, 77, 172-73, 196

Dados Internacionais de Catalogação na Publicação (CIP)
(Câmara Brasileira do Livro, SP, Brasil)

Slowiak, James
    Jerzy Grotowski / James Slowiak e Jairo Cuesta; tradução Julia Barros. – São Paulo: É Realizações, 2013. – (Coleção Jerzy Grotowski)

    Título original: Jerzy Grotowski. Bibliografia.
    ISBN 978-85-8033-129-5

1. Grotowski, Jerzy, 1933-1999 - Crítica e interpretação 2. Teatro 3. Teatro - Polônia 4. Teatro Laboratório I. Cuesta, Jairo. II. Título. III. Série.

13-05223   CDD-792.023

Índices para catálogo sistemático:
1. Grotowski: Vida e obra: Teatro Laboratório polonês: Artes da representação   792.023

Este livro foi impresso pela Gráfica Vida & Consciência para É Realizações, em maio de 2013. Os tipos usados são da família Sabon LT Std e Trajan-Normal Regular. O papel do miolo é off white norbrite 66g, e o da capa, cartão supremo 250g.